無師自通

自通

學工筆

百花

邰樹文 編著

U0050513

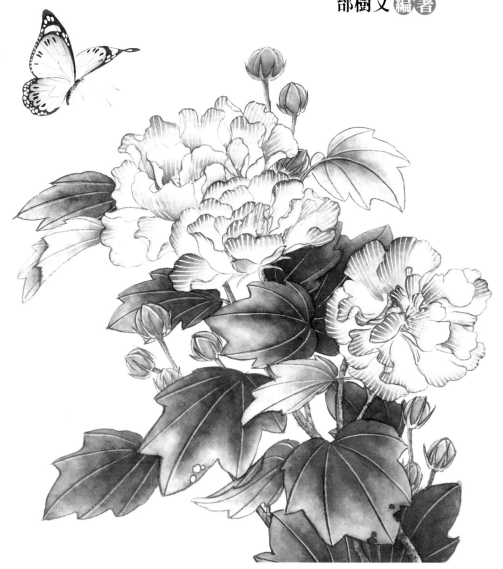

內容提要

工筆畫又稱為「細筆畫」，是國畫技法類別之一，是以精湛細膩的技法描繪景物的國畫表現方式。工筆畫從傳統走向當代社會，出現了前所未有的新繁榮，現在越來越受到大家的喜愛。

本書是一本以綜合花卉為主講的工筆畫技法書，本書主要針對零基礎的讀者，循序漸進地講解：首先，詳細介紹了工筆畫的基本工具（筆、紙、墨、顏料）和基本技法，尤其是線條的運用；其次，對花卉的生長結構、形態、枝幹和葉子做了詳細的解析；接著，分別對水仙花、玉蘭花、月季花、牡丹、荷花、芙蓉、菊花、梅花這八種花的繪製方法做了精湛詳細的講解，並配有詳細清晰的圖例示範。本書通俗易懂，可以幫助初學者掌握最基本的工具和技法，並能獨立繪製出一幅完整的花卉工筆畫。

本書適合作為工筆畫愛好者的自學教材及各大院校藝術相關專業學生的參考用書。

無師自通 學工筆：百花

作　　者 / 邰樹文
發 行 人 / 陳偉祥
出　　版 / 北星圖書事業股份有限公司
地　　址 / 234 新北市永和區中正路 458 號 B1
電　　話 / 886-2-29229000
傳　　真 / 886-2-29229041
網　　址 / www.nsbooks.com.tw
E-MAIL / nsbook@nsbooks.com.tw
劃撥帳戶 / 北星文化事業有限公司
劃撥帳號 / 50042987
製版印刷 / 皇甫彩藝印刷股份有限公司
出 版 日 / 2019 年 08 月
I S B N / 978-986-96920-2-1
定　　價 / 450 元

如有缺頁或裝訂錯誤，請寄回更換。

"本书简体字版名为《无师自通学工笔：百花（第 2 版）》（ISBN: 978-7-115-45008-1），由人民邮电出版社出版，版权属人民邮电出版社所有。本书繁体字中文版由人民邮电出版社授权北星圖書事業股份有限公司出版。未经本书原版出版者和本书出版者书面许可，任何单位和个人均不得以任何形式或任何手段复制或传播本书的部分或全部。"

國家圖書館出版品預行編目(CIP)資料

無師自通學工筆：百花 / 邰樹文編著.
　 -- 新北市：北星圖書, 2019.8
　　面；　公分
　 ISBN 978-986-96920-2-1（平裝附數位影音光碟）

　 1.花卉畫 2.工筆畫 3.繪畫技法

944.6　　　　　　　　　　　　　　107014978

目 錄

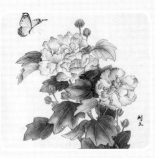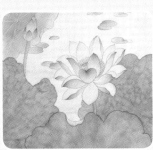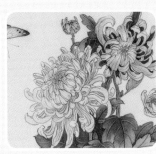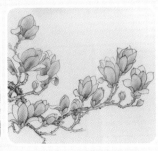

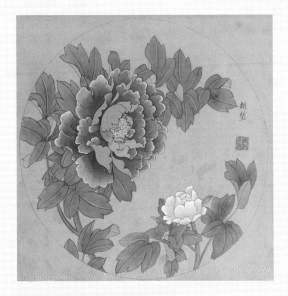

第一章

基本工具介紹

筆／紙／墨／顏料

1.1 筆

工筆畫用筆分為勾線筆和染色筆兩類。

1.1.1 勾線筆

勾線筆用於中鋒勾勒細而勻的線條。一般選用狼毫類細而尖的筆。常見的勾線筆有衣紋筆、葉筋筆（常用來勾花鳥畫葉筋）、紅毛筆等，可依畫面的需要選擇。

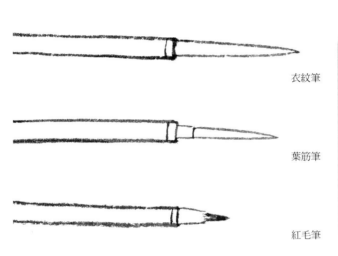

衣紋筆

葉筋筆

紅毛筆

執筆方法

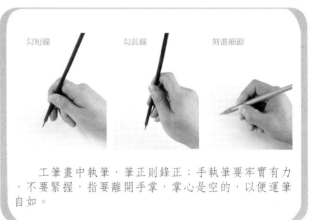

勾短線　　勾長線　　刻畫細節

工筆畫中執筆，筆正則鋒正；手執筆要牢實有力，不要緊握，指要離開手掌，掌心是空的，以便運筆自如。

勾線筆的特性

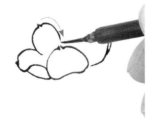
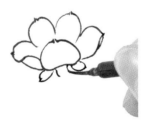
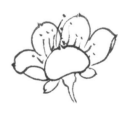

（1）勾線筆屬硬毫筆，含水分較少，筆鋒彈性較強。

（2）不同運筆變化，呈現出的線條也有不同的動態美感。

（3）勾勒物像輪廓，工整不毛糙，呈「如錐畫沙」般遒勁有力的線條。

（4）暫時先瞭解毛筆的特性，後面再一起掌握線條的畫法。

毛筆的使用方法

使用毛筆前，將毛筆用溫水充分泡開，用後再以水洗淨，放入筆簾或掛在筆架上，不能在水中長時間浸泡，否則容易失去筆的彈性，縮短毛筆的使用壽命。勾線狼毫筆富有韌性，若沒有正確使用和保管，它的特性也會減弱，畫出的作品效果也會大打折扣。

1.1.2 染色筆

　　染色筆多為大、中、小白雲以及其他軟毫毛筆。白雲筆外層是羊毫，中間部分是硬而挺的狼毫，既能含水分又有彈性，是理想的染色筆。染色筆可以多配幾支，白色、冷色、暖色、暗色等最好都有相對應的筆。

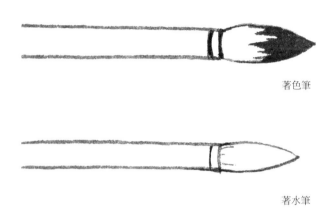

著色筆

著水筆

執筆方法

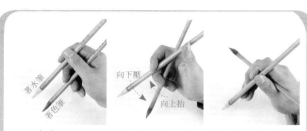

　　先將兩支筆同時握在手中，呈筷子的使用方式；拇指放鬆，讓著水筆自然滑落到虎口處，然後快速地用中指將著水筆壓下來，再用中指將著色筆抬上去，反覆轉換著色筆和著水筆使用。初學者可以透過反覆練習，久之便熟練自如。

染色筆應用

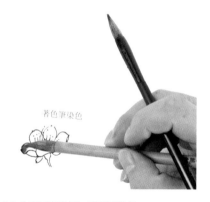

著色筆染色

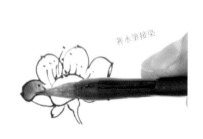

著水筆接染

（1）先壓下著色筆，沿線稿染色。

（2）快速地用中指將著水筆壓下，用中指將著色筆抬上去，以清水均勻地染。

（3）反覆轉換著色筆和著水筆，直至滿意為止。下一章節，將詳細講解染色的方法。

如何選用染色筆

　　染色筆富有韌性、爽利便捷、易於掌握。染色筆不像勻線筆那麼講究，幾乎所有毛筆都可以作為著色之用。只是根據所繪物像要求大小有別。染色筆用筆沒有複雜的筆法要求，可勻細平整，也可略見筆觸，根據對象特徵形貌採取不同的用筆。

1.2 紙

1.2.1 熟宣

　　熟宣紙的質地薄而棉料均勻，其特點是濕漲而乾縮。區別生宣紙和熟宣紙的方法就是看其是否滲水。熟宣紙當中也有薄有厚，一般來說薄者適合畫淡彩，厚者較適合畫重彩。其中蟬翼宣最薄，冰雪宣最厚。

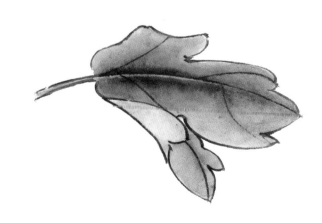

1.2.2 熟宣的特性

熟宣是加工時用明礬等塗過，所以紙質比其他國畫用紙硬。特點是吸水能力較弱、不滲水，使得用墨和用色不易洇散，因此特性，使得熟宣適合繪製工筆畫。

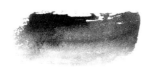

紙張的拓展知識

工筆畫用紙除了熟宣之外，還有單層宣、多層宣、夾宣、皮宣和毛邊紙等，都可以作為練習用的畫材。初學著色，多採用熟宣，質地良好的紙張不易起毛，吃色性好，適於多次渲染，繪製效果易得細膩溫潤之美。

如何將生宣變熟宣？

如何將生宣變成熟宣？可以在家裡試著做一做！用明礬一份、骨膠兩份，分別砸碎研磨並用熱水融化，然後調和在一起，如果膠礬質地不純淨，可用細布過濾一下。使用前可用手指頭蘸膠礬水嚐一下，略有酸澀之感即可，如果澀得蜇舌頭，就是太濃了，要加水再調。調好後大排筆蘸膠礬水將生宣或生絹刷勻晾乾即可。

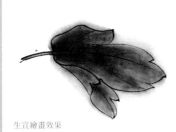

生宣繪畫效果

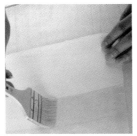

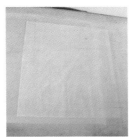

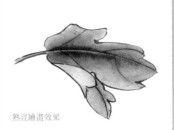

熟宣繪畫效果

1.2.3 絹

絹是純絲織品，古代繪畫常用絹，熟絹的特點是墨色乾後色度變化不大，可以表現墨色厚重和淋漓的效果。材質表面非常光滑、耐染，透明度極好，畫面紋理美觀。古今繪製工筆畫主要用絹，但是絹遇水容易起皺，初學者在使用時需慎重。

1.2.4 畫前裱紙

因熟宣紙或者熟絹不易改動，因此畫工筆畫一般先在圖紙上畫好素描稿，稿本要和完成稿的大小一致。把稿本印到熟宣或絹上，接著將宣紙或絹裱到畫板或者畫框上。再用勾線筆勾勒，然後隨類賦色，層層渲染，從而達到形神兼備的效果。

裱畫方法：將畫稿噴濕，等紙完全漲開後趁濕把畫紙的四周反面塗上一至兩釐米的漿糊黏牢，乾後就可以作畫了。（熟絹也可以繃在畫框上）

因熟宣或絹一般都很薄，呈半透明狀，所以在下面襯一張白紙，作畫時才能更容易看清畫面效果。

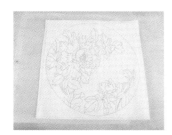

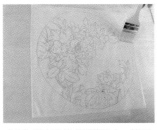

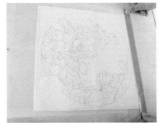

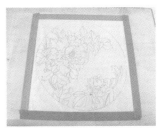

（1）找一張比白描稿大的生宣紙做襯紙。因熟宣紙呈半透明狀，襯白紙作畫更容易看清畫面效果。

（2）用大號羊毛刷蘸清水，按照一定的順序將畫稿刷濕，力要均勻，不要形成太多皺褶。

（3）裁出四條比白描稿兩邊多出一截的水膠帶，在白描稿比生宣紙多出的一圈貼好水膠帶。

（4）貼水膠帶時要等宣紙漲開之後，四邊重疊在一起，等白描稿完全乾後就可以開始上色了。

1.3 墨

1.3.1 墨分五色

　　國畫墨色通常分為焦、濃、重、淡、清幾個不同的層次，白描勾線時，要根據所描繪物像顏色的明度，調出不同深淺的墨色。工筆畫設色時通常先渲染墨色來表現畫面的黑白灰關係。

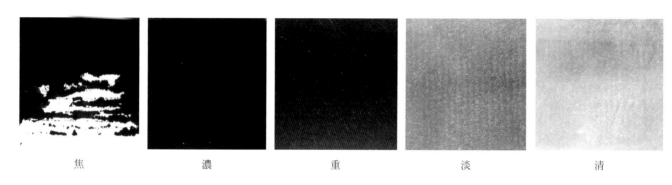

焦　　　　　　濃　　　　　　重　　　　　　淡　　　　　　清

墨色的拓展知識

　　　水墨工筆畫透過虛實、動靜、聚散、黑白等陰陽相生相剋的關係，表達出色彩斑斕的畫面所呈現的意味，這是獨一無二的。單用墨作畫，實際並不止於這五個色階。用墨方法雖說有五種，但主要講究一個「活」字，只要能做到「活」，那麼在方法問題上，經時間的推移，方可自己創造，而不是五種方法所能限制的。

1.3.2 墨色的層次

　　墨色每一次被清水稀釋，都會呈現一個新的色階，由此逐步漸層，將物體的體積感和真實感表現在畫面上，古人說墨色變化多，有「如兼五彩」的藝術效果。

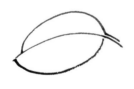 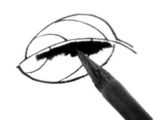 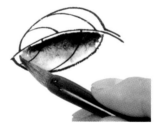 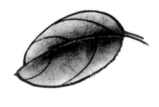

（1）首先用濃墨勾勒葉子的輪廓線，用色不宜過重，更不宜過淡。　（2）蘸重墨，沿輪廓線染色，墨的範圍不宜過大，否則易造成墨色層次不明顯。　（3）用著水筆均勻地接染，直至葉子的邊緣。　（4）用著水筆一層層染，要薄而勻，呈現出的墨色變化多樣。

墨與墨錠

　　　國畫的墨除了有「黑」的顏色屬性外，它還有極其高深的學問和藝術效果。「墨錠」從其本身的性質來看，不但是黑色，其中尚有許多微妙的色彩傾向。好的墨錠所磨出來的墨色是那樣晶瑩、透徹、光亮，又含蓄、內蘊。「墨分五色」，「墨有六彩」，歷代畫家透過藝術實踐，創造出許多墨法，使墨色變化更為豐富多彩。

1.4 顏料

1.4.1 常用的國畫顏色

國畫常使用的顏料有植物顏料（水色）和天然礦物質顏料（石色）。植物顏料（水色）有花青、胭脂、藤黃等。礦物質顏料（石色）有赭石、硃砂、三青（石青）、三綠（石綠）等。這些統稱為國畫顏料。

| 大紅 | 曙紅 | 硃砂 | 硃磦 | 胭脂 | 赭石 |
| 白粉 | 藤黃 | 三綠（石綠） | 三青（石青） | 紫色 | 花青 |

國畫顏料的特性

水色（植物顏料）是透明色，可以相互調和使用，沒有覆蓋力，色質不穩定，容易褪色。石色（礦物顏料）是不透明色，相互不能調和使用，覆蓋力強，色質穩定，不易褪色。

1.4.2 色墨結合

顏色和水墨相結合，會出現新的色值和特有的韻律。這裡介紹幾種主要的顏色。

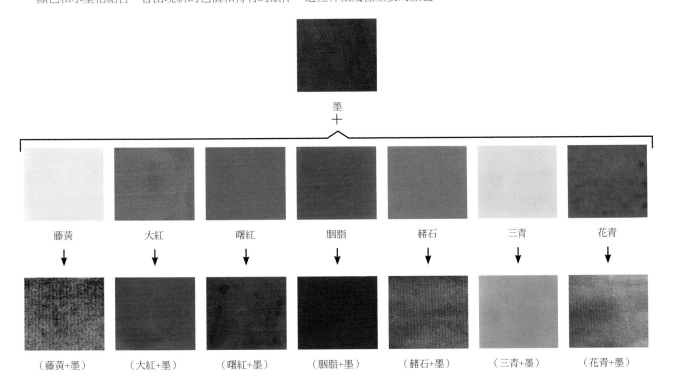

墨
＋

藤黃	大紅	曙紅	胭脂	赭石	三青	花青
↓	↓	↓	↓	↓	↓	↓
（藤黃+墨）	（大紅+墨）	（曙紅+墨）	（胭脂+墨）	（赭石+墨）	（三青+墨）	（花青+墨）

1.4.3 常用的混合色

　　有些顏色經過調和後會呈現出鮮亮的效果，而另一些顏色調和後的效果卻很晦暗。國畫顏料的調色規律與水彩顏料基本類似，對於有水彩畫基礎的國畫初學者而言，掌握工筆畫調色規律並不難。但國畫顏料也有不同於水彩顏料的特性和色彩傾向，所以建議初學者試著在調色盤上將最基本的十餘種國畫顏料兩兩互相混合，熟悉調色後的色彩變化再開始作畫。

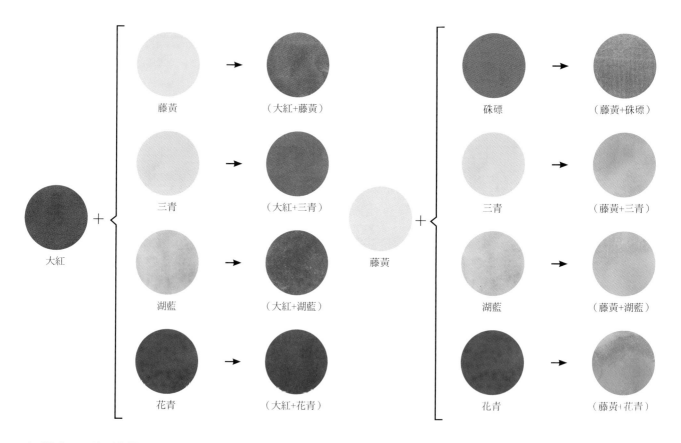

初學者可以這樣做

　　混合色應當注意國畫的韻味，淡雅古拙是國畫的特色，顏色過於豔麗，這是初學者易出現的問題。顏色要漸層，暈染時盡量能呈現顏色的層次變化，呈現畫面立體感。建議初學者細心建立一個色譜，將除了基礎色以外，調配得到的顏色，點畫記錄在這個色譜上，有利於繪畫中的色彩運用。

1.4.4 色的濃淡

　　不能直接用筆從調色盤中取顏料作畫，而是要先讓筆頭吸收一定的水分，接著再從中蘸取足夠量的顏料，並在顏色盤裡將顏色調整均勻，調成所需的濃度。起初，筆中水分的掌握不好，可以從少量遞加，直到滿意的效果為止。

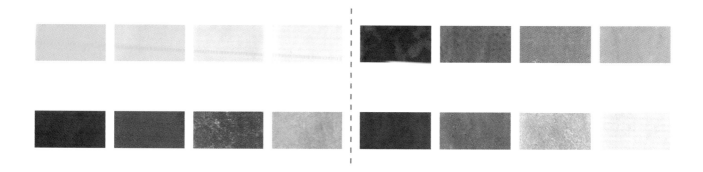

第二章

基本技法介紹

用線技法／渲染技法

2.1 用線技法

　　線條是工筆畫的基礎，透過對線條的起、行、收的練習，可以掌握線條運行的基本規律，在此基礎上再進行各種線條變化的練習，熟悉不同筆毫硬度的特性和用筆的不同角度變化規律，準確掌握指、腕、肘的運行方向和力度，靈活運用各種頓挫、轉折、提按。線條變化豐富，要求多樣，重點要掌握中鋒運筆，這樣才能畫出挺健流暢的線條。

2.1.1 基本方法

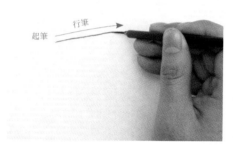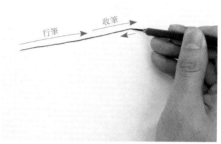

工筆畫與書法的關係

　　工筆線條的筆法源於書法。每一條線的筆法上都有起筆、行筆和收筆三個過程，對起筆、行筆和收筆的要求即欲右先左、欲左先右，欲上先下，欲下先上，逆入平出，以使線條含蓄而勁力內斂。

2.1.2 線條的表現力

濃淡

　　色彩深重者在工筆中可用濃墨線條表現，色彩淺淡者則多用淡墨線條表現。如碧綠的荷葉色重宜用濃墨線條勾勒，而淺淡的粉紅荷花則宜用淡墨線條表現。

濃

淡

乾濕

　　質地柔軟者，如畫潤澤輕盈的花瓣，為表現其柔嫩，多用「濕」的線條表現；畫斷枝老節，為表現其堅硬則多用「乾」的線條表現。

乾

濕

粗細

　　一個物體用近粗遠細的線條表現；或者背光的部分宜用重墨粗線，而受光的亮部則用略淡的細墨線來表現。在形象簡單的畫面中，如畫透視感較大的蓮蓬，枝幹的上下段或粗枝的左右兩邊，尤其要注意表現其明暗的濃淡深淺變化，而且要注意之中的整體統一。

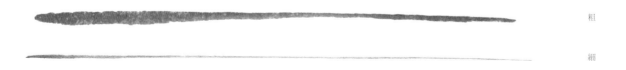

粗

細

線條的應用

　　線條的表現力多種多樣，沒有侷限性。下圖為初學者範例，瞭解同樣的線條，少許變化就可以使物像生動自然，待掌握瞭解後，便可自如運用線條，豐富畫面的效果，增強表現力。

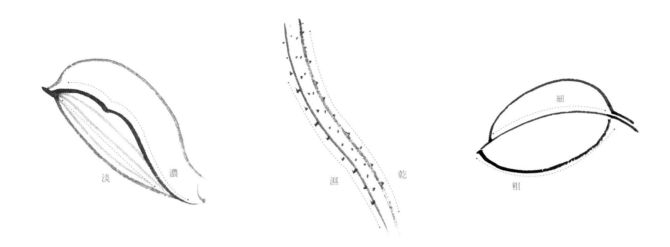

2.1.3 常用的線描技法

曲線

　　線描中最具代表性的是游絲描類，壓力均勻，粗細無變化。此類描法適於勾勒物像外輪廓，如花瓣、葉等一些流暢性較好的輪廓，線條墨色秀潤簡勁，細勁平直，根據不同的質感則使用不同的表現手法，呈現外柔內剛的特徵。

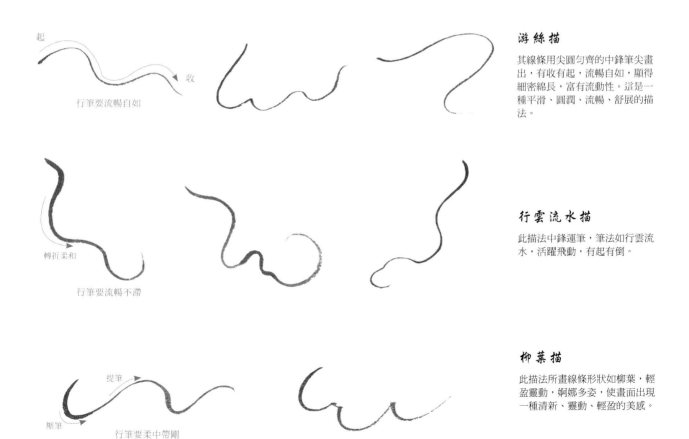

游絲描

其線條用尖圓勻齊的中鋒筆尖畫出，有收有起，流暢自如，顯得細密綿長，富有流動性。這是一種平滑、圓潤、流暢、舒展的描法。

行雲流水描

此描法中鋒運筆，筆法如行雲流水，活躍飛動，有起有倒。

柳葉描

此描法所畫線條形狀如柳葉，輕盈靈動，婀娜多姿，使畫面出現一種清新、靈動、輕盈的美感。

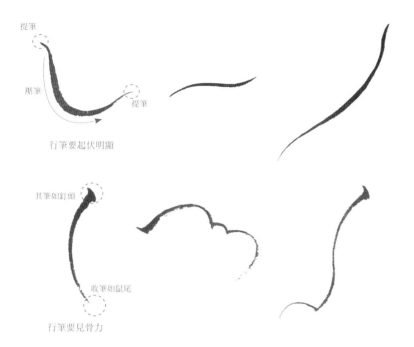

竹葉描

此描法用筆起伏明顯，線條粗細變化較大，很像隨風飄動的竹葉，飄逸活潑。竹葉、柳葉、蘆葉三種葉子從外形上看很相似，只能依靠描繪時下筆的輕重、剛柔和長短等變化來加以區分。

釘頭鼠尾描

此描法，落筆處如鐵釘之頭，線條呈釘狀，行筆收筆一氣拖長如鼠之尾，所謂頭禿尾尖，頭重尾輕。採用中鋒勁力的筆法，線形前肥後銳，形同釘頭鼠尾。適合表現瓣或葉的轉折處。

折線

此描類特點是壓力不均勻，運筆中時提時頓，產生忽粗忽細的效果，適合表現枯乾、枯葉等粗糙質地的物體。

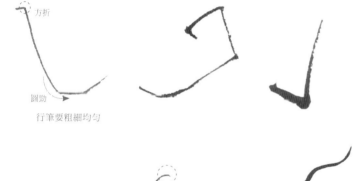

鐵線描

用中鋒圓勁之筆描寫，絲毫不見柔弱之跡，其起筆轉折時稍微有回頓方折之意。如將鐵絲環彎，圓勻中略顯刻畫之痕跡。適合表現枯乾。

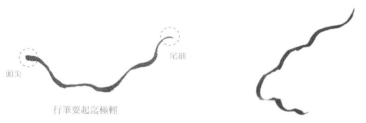

橄欖描

用筆起迄極輕，頭尾尖細，中間沉著粗重，所畫線條如橄欖果實，故而有橄欖描之名。用顫筆畫出，用筆最忌兩頭有力而中間虛弱。

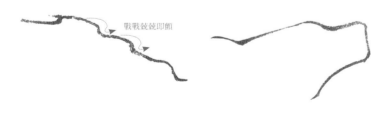

戰筆描

此描法用筆要停而不滯。筆法簡細流利，線條呈現出曲折戰顫之感。

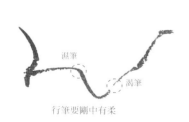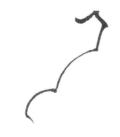

柴筆描

枯柴描和柴筆描在用筆上並無多大區別，只是枯柴描渴筆較多，後者乾濕並用。如山水畫中有亂柴皴，用筆以剛中有柔，整而不亂為宜。

2.2 渲染技法

　　工筆畫造型嚴謹，形象生動，線條多變，色墨潤澤，層次豐富。傳統的工筆百花畫採用線條勾勒和色墨潤染相結合的方法。因此，用色也是工筆百花畫中最為重要的一環。工筆畫染色方法大致有潤染、斡染、分染、接染、背染、乾染、調染、罩染、渲染、襯染、點染、濕染這十二種。下面講解幾種常用的工筆畫染色方法。

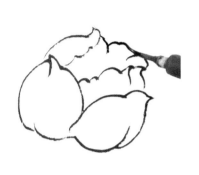

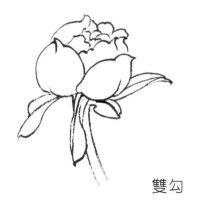

工筆渲染的前提

　　工筆畫中的勾線就是勾勒輪廓，也就是繪製白描稿，一般用勾線筆或者衣紋筆，這是工筆畫進行渲染的前提條件。勾線的時候要講究筆法，不能含糊不清，線條要有變化。

雙勾

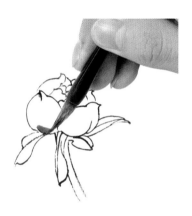

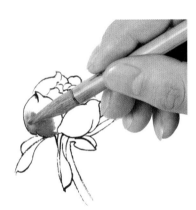

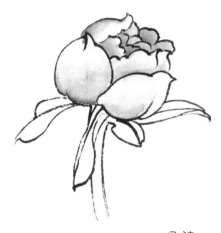

1 分染是在雙勾好白描稿的基礎上，調曙紅沿著花瓣下端的邊緣染色，趁顏色未乾時快速拿著水筆暈染開，重複這種方法對每一片花瓣進行暈染。即「分層著色」，也就是傳統技法「三礬九染」，簡稱「礬染」。實際上，並不一定礬三次，染九次。礬的目的與作用，主要是防止在第二次著色時第一次著的顏色泛上來，那就不但未達效果，反而會把顏色搞髒。分染的目的是在著色之前表現出所繪製物像基本的明暗關係。

分染

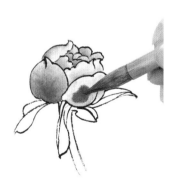

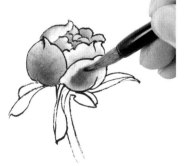

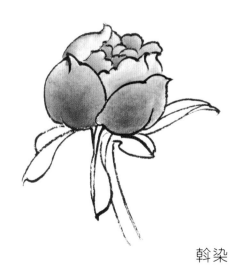

2 斡染是指用著水筆在色塊的四周旋轉，將一塊色彩向四周染開。通常用於工筆畫中人物臉部的染色。花鳥畫中也用於染花反瓣的顏色。此處調曙紅用染色筆在花瓣的中間染色，接著用著水筆旋轉著將顏色暈開，表現出花瓣的立體感。

斡染

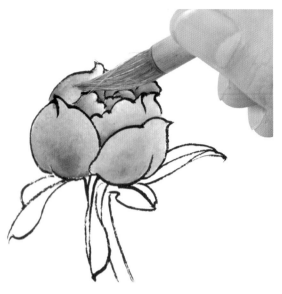
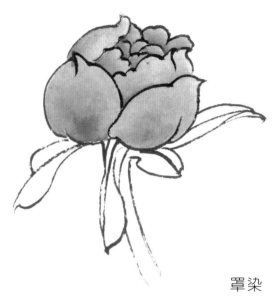

③ 在分染過後的花頭上，重新罩上一層淡曙紅，也就是罩染。
畫法以平塗為主，一般以水色和半透明色覆蓋。用筆要輕，
顏色要淡，要透露出分染過的底色。

罩染

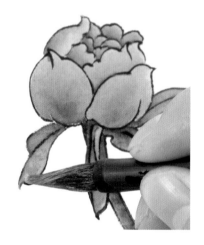
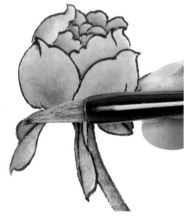
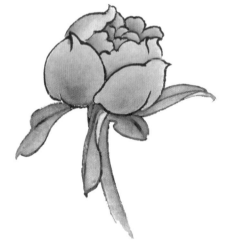

④ 接染是指用兩支或兩支以上的筆蘸不同的顏色畫出物體不同的深淺，
接著用著水筆或者另外的染色筆趁濕潤的時候將顏色接染融合在一
起。此處在用綠色分染葉子之後，調藤黃沿著葉子的邊緣向內接染，
形成特殊的肌理效果。此法如運用適宜，畫面濕潤自然，氣韻生動。

接染

接染的特點和技法

　　接染法一般適合表現色澤鮮豔、厚嫩暈色的物像。具體方法是分碟調出兩到三種顏色，各種顏色的厚薄
相同，多為同類色或類似色，分幾支筆將顏色畫於紙上，迅速用偏乾的清水筆將各種顏色接勻。或是將兩種
在一個範圍內的顏色用清水銜接起來，產生自然漸層的效果。要求不露筆痕，色暈勻和。

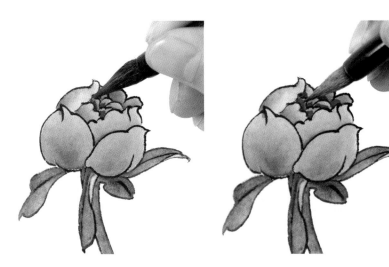

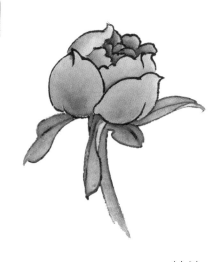

5 在繪製工筆畫的過程中，根據畫面明暗關係的需要，將幾片花瓣統一渲染，強調整體的明暗與色彩關係，稱為統染。根部的附近沒有留水線，統染其實就是一種大範圍色調的渲染。此處內層的花瓣比反瓣的顏色重，因此用曙紅色統一再次渲染。

統染

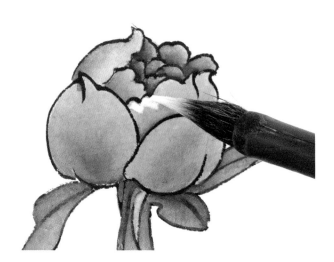

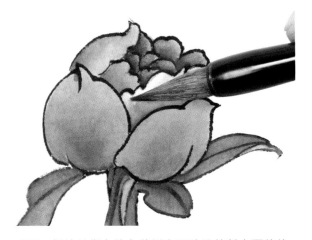

6 提染是指在染色將近完工時用某種小面積的顏色，對畫面局部進行提亮或者加深。此處提染的方法是，把筆洗淨，筆尖上蘸較濃的白粉，側鋒用筆，在瓣邊局部提一些由深到淺、由淺到無的白粉，這樣就加強了花朵的立體感。

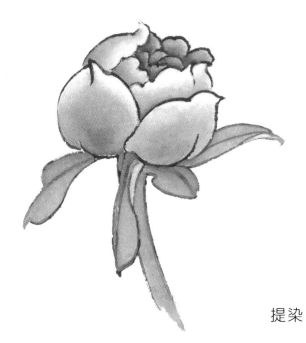

提染

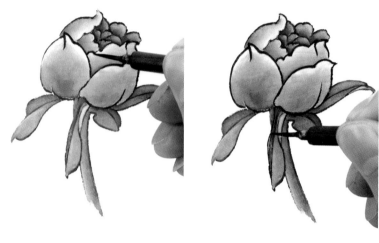

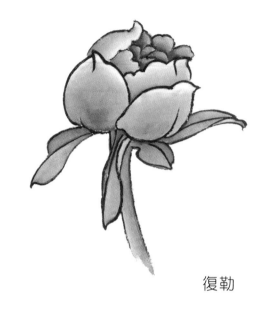

7 復勒是指設色完成以後，用墨線或色線順著物體的邊緣重新勾勒一次。如上圖所示，勾出花瓣和葉脈的邊緣線，這種技法是為了使所繪製的形象更加清晰鮮明。

復勒

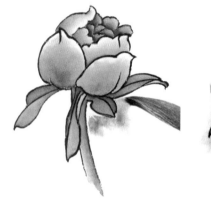 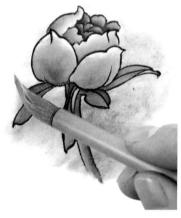 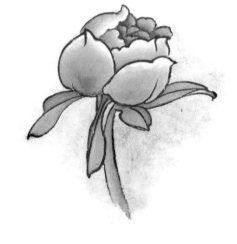

8 在所繪製的物像周圍淡淡地渲染一層底色用來襯托或者掩飾物體，使物像不至於太過孤立，這種技法叫作烘染。此處是用筆調和淡赭石對花苞的周圍進行染色，使得所畫物像更加突出。

烘染

其他打底方法

　　另外在工筆花鳥畫中，也有全部先用淺淺的白粉打底色的，這是平塗，不必分深淺，其作用是：（1）如在生宣上作工筆花鳥畫，經過塗一層薄粉待乾後任意著色，就容易控制了；（2）不管在熟紙還是絹上，先塗一層薄粉，乾後於上面著色，色彩比較鮮艷，並加強立體感；（3）用白粉塗底，可以塗平畫絹上因沒礬好的漏色處。

結構解析

3.1 花卉的生長結構

　　花卉千姿百態，種類繁多。但是典型的花朵都是由花柄、花托、花萼、花瓣、花蕊組成。而完整的花卉由花冠、枝莖、葉和根組成。一般來講，花冠、枝莖和葉是主要的描繪對象。花冠就是花頭，是花卉中最重要的描繪對象。

3.1.1 花的各部分結構

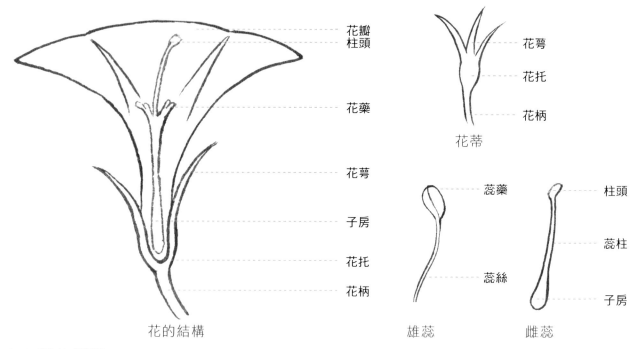

花瓣
柱頭

花藥

花萼

子房

花托

花柄

花的結構

花萼
花托
花柄

花蒂

蕊藥

蕊絲

雄蕊

柱頭
蕊柱
子房

雌蕊

3.1.2 花的概形

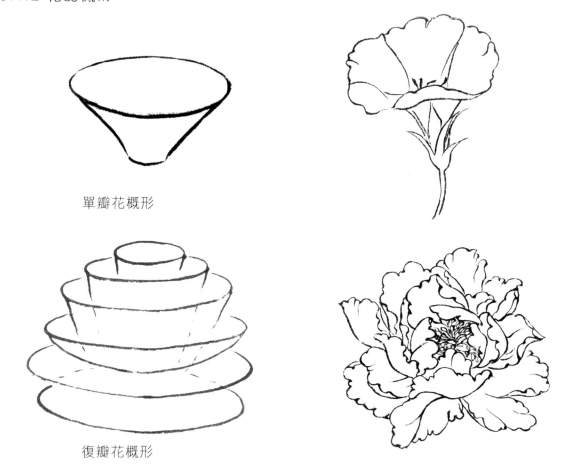

單瓣花概形

復瓣花概形

3.2 花卉的形狀

　　不同種類的花卉，花頭的形狀也各不相同，主要可以分為球形、碟形、漏斗形等。球形的花頭多為複瓣花，如牡丹、芍藥、菊花、茶花等。碟形的花冠從側面看似碟狀，如桃花、杏花、梅花等。漏斗形多為合瓣花，如牽牛、迎春、百合、扶桑等。此外還有杯形的鬱金香、半枝蓮等。

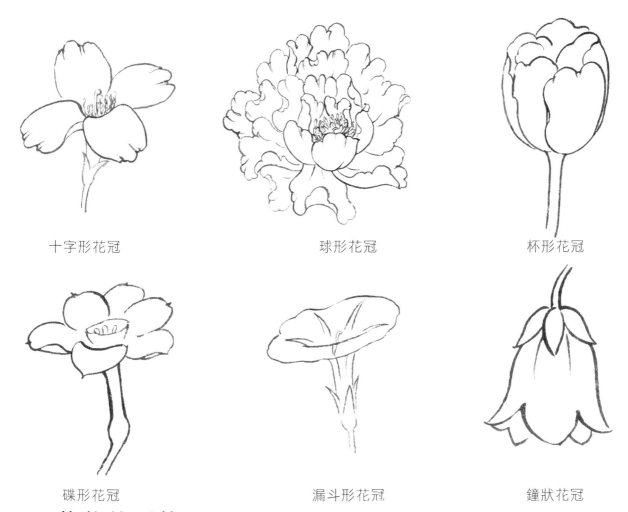

十字形花冠　　　　　　　　　　　球形花冠　　　　　　　　　　　杯形花冠

碟形花冠　　　　　　　　　　　漏斗形花冠　　　　　　　　　　　鐘狀花冠

3.3 花蕊的形態

　　花卉的花蕊有很多種不同的形態，點花蕊猶如畫龍點睛，一般放在最後完成。勾花蕊的花絲一般用重墨或者淡墨，用筆要乾淨利落，不可太粗。花藥的形狀也各不相同，有的呈圓球形，如梅、桃等；有的呈長柱形，如牡丹、芍藥等，花藥在花絲頂部，通常呈倒人字形或者個字形交叉；有的呈米粒形，如山茶、月季；百合、萱草的花藥和花絲呈丁字形等。

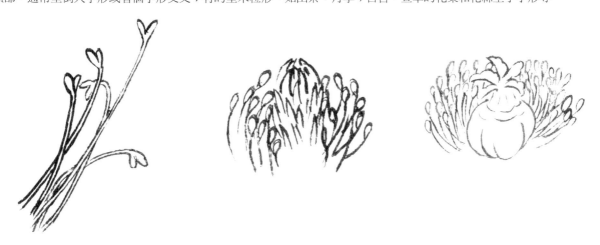

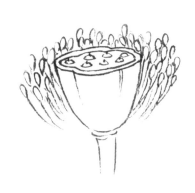 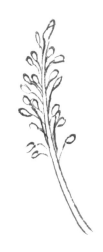 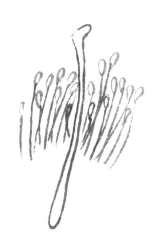

3.4 花卉的枝幹

　　從外形上劃分，可以將花卉分為木本、草本和藤本。木本植物又可分為喬木和灌木，喬木有主幹和分枝，如玉蘭、杏、梧桐等。灌木沒有主幹，多枝條，如月季、牡丹、迎春等。草本植物有鳳仙、芍藥、大麗花、美人蕉等。藤本植物如葡萄、牽牛等。

3.4.1 木本植物

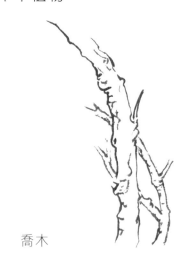

喬木

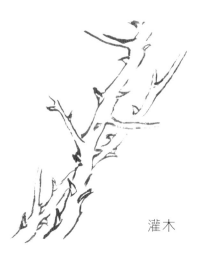

灌木

3.4.2 草本植物

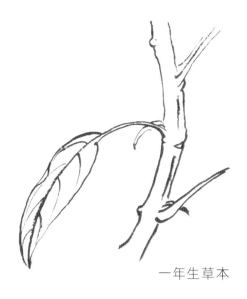

一年生草本

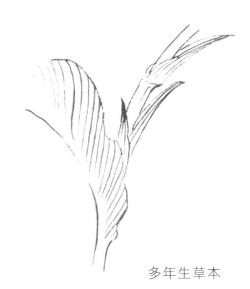

多年生草本

3.4.3 藤本植物

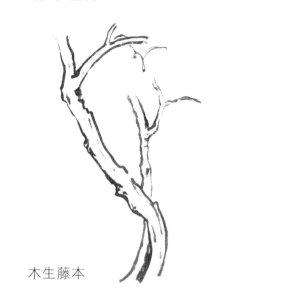

木生藤本

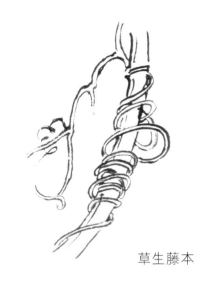

草生藤本

3.5 花卉的葉子
3.5.1 葉子的形態

　　不同花卉的葉子大小各不相同。葉子是由葉片、葉托、葉柄三部分組成，具備這三部分的葉子稱為完全葉，如月季、菊花、薔薇、玫瑰等。不具備這三部分的葉子即為不完全葉。

　　花卉的葉子變化較多，從形狀上可分為：圓形的，如荷花的葉子；帶狀的，如蘭花的葉子；心形的，如紫荊的葉子；扇形的，如銀杏的葉子；針形的，如松針；劍形的，如茨菰的葉子；掌形的，如芙蓉的葉子；卵形的，如月季的葉子；長卵形的，如枇杷的葉子等。除了在形狀上的區別外，葉子還有葉脈和邊緣的變化，依此分平行葉筋和網狀葉筋兩種。

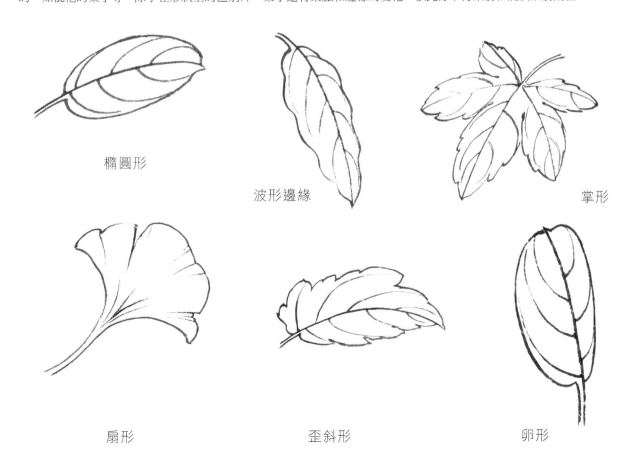

橢圓形

波形邊緣

掌形

扇形

歪斜形

卵形

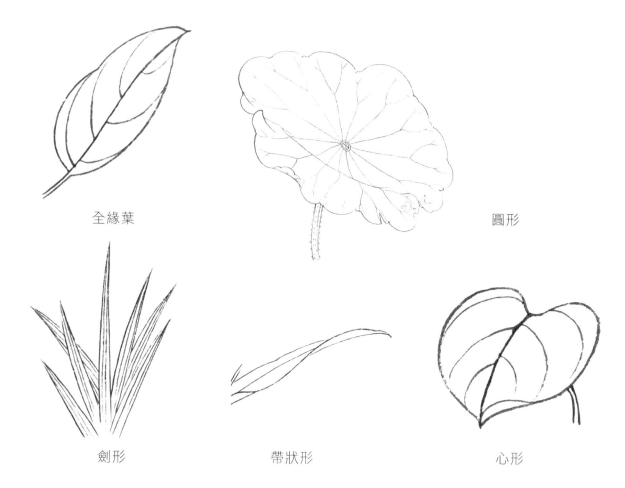

全緣葉

圓形

劍形

帶狀形

心形

3.5.2 葉子的排列順序

葉子在枝莖上的排列順序，可分為互生、對生、輪生和叢生幾種。

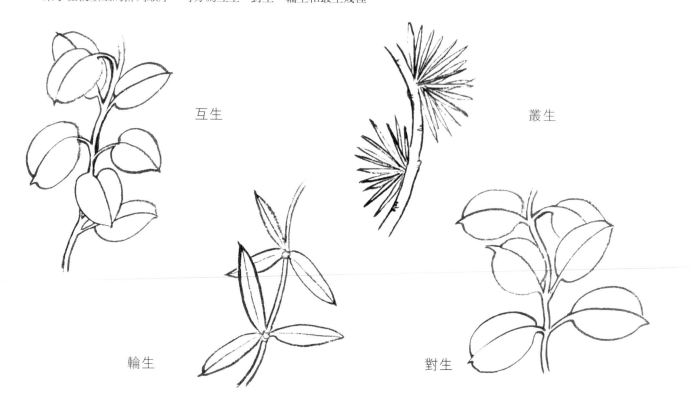

互生

叢生

輪生

對生

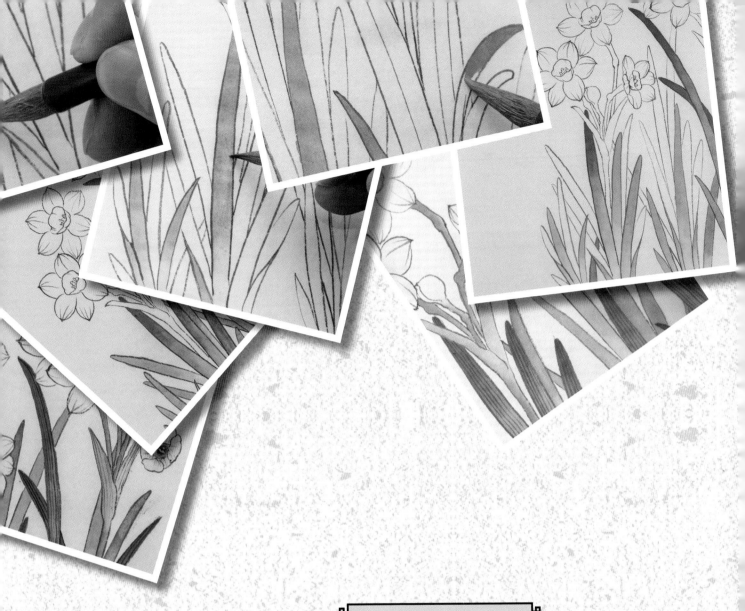

第四章

水仙花

水仙花花頭呈傘狀，以白色居多，開放時大多分為六瓣，花瓣形狀似橢圓，花瓣為鵝黃色，花絲很短，花梗較長，葉子狹長而扁平。繪製時應仔細觀察它的整體形態和局部細節。

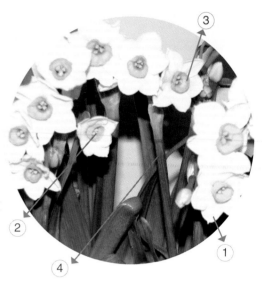

① 花瓣　② 花蕊　③ 花芯
④ 花梗

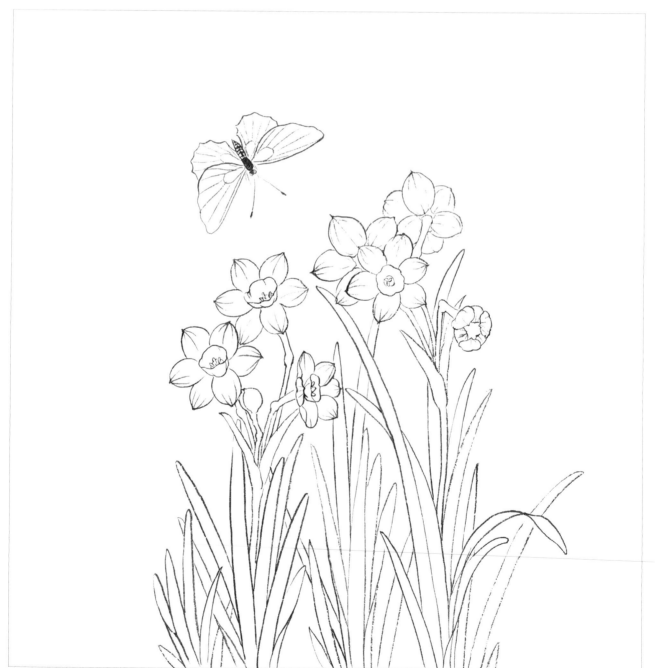

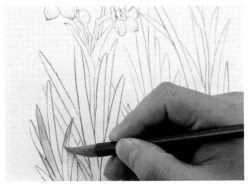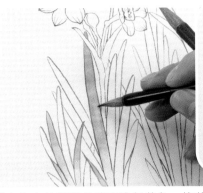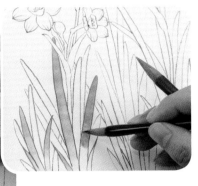

1 選用中號白雲筆，蘸酞青藍和藤黃從左到右為水仙花葉的背面進行著色，接著換用一支乾淨的筆，蘸水將顏色暈染開。

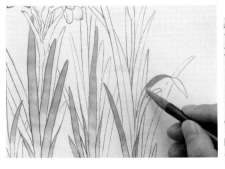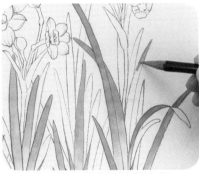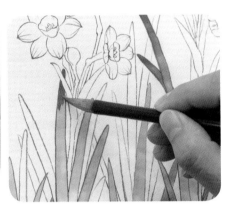

2 待畫面乾後，對花葉的背面進行第二次的分染，使背面的顏色深一些，突出特點。

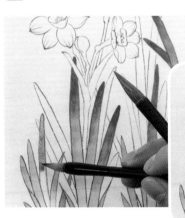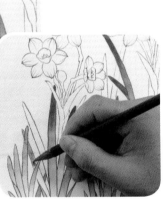

3 蘸多一點的藤黃和少許的酞青藍為花葉的正面著色，接著用著水筆暈染，注意顏色均勻。

4 為正面的花葉分染顏色時，要注意根據前後空間關係進行顏色的濃淡區分。

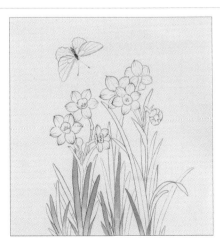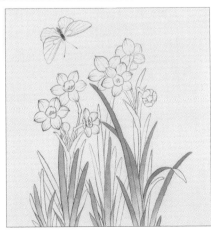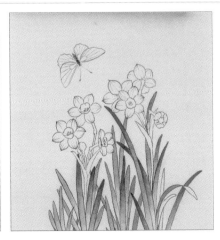

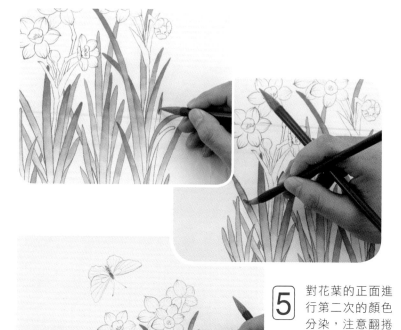

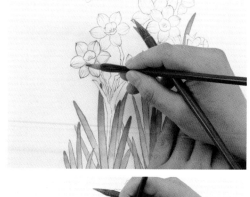

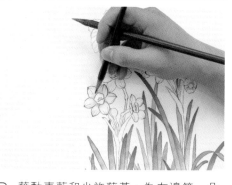

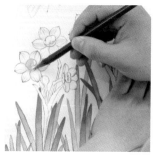

5 對花葉的正面進行第二次的顏色分染，注意翻捲葉子的透視關係表現。

6 蘸酞青藍和少許藤黃，為左邊第一朵水仙花著色，接著用著水筆暈染開。

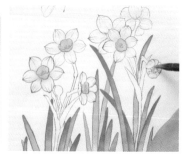

8 蘸藤黃和少許水的調和色，為水仙花的花芯著色。

知識拓展

為水仙花的花芯分染顏色時，應順著花芯結構著色。注意花芯正、背面顏色深淺的表現，受光面的顏色應純一些，所以水分多一些；背光面的顏色應深一些，可以加少許的酞青藍。

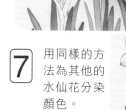

7 用同樣的方法為其他的水仙花分染顏色。

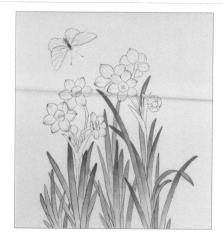

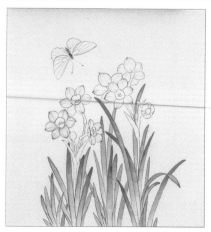

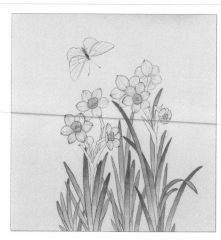

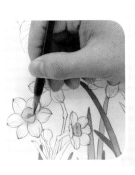
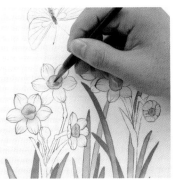
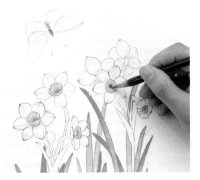

9 蘸硃磦和少許的藤黃,為花蕊分染顏色。

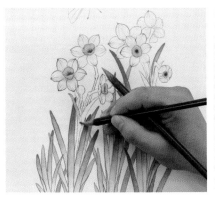
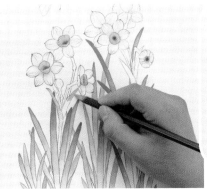
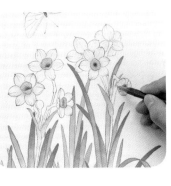

10 蘸藤黃和赭石的調和色為花托著色,接著用清水將其暈染開。注意花托正、反面的顏色變化。

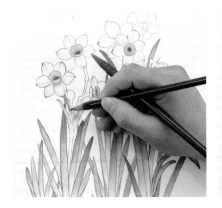
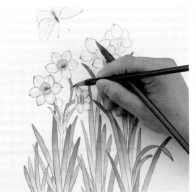
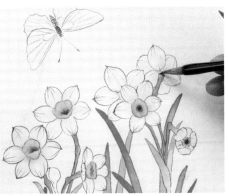

11 蘸酞青藍和藤黃的調和色(藤黃多一些)為花梗分染顏色。注意每筆之間要留有空隙,使畫面更有透氣感。

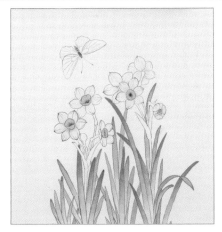
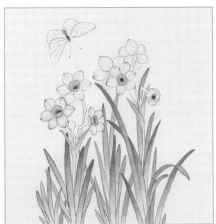
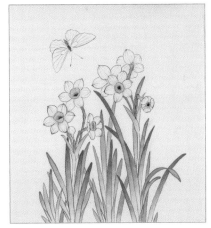

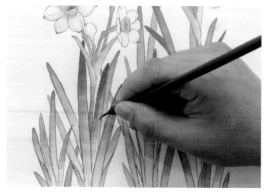
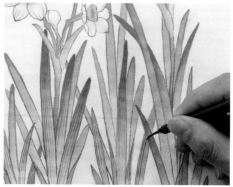

12 用勾線筆調墨，開始勾畫葉脈，注意線條要流暢有力。

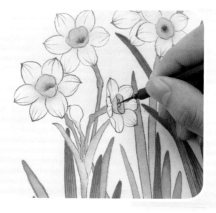
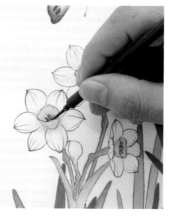

知識拓展

為花芯和花蕊進行描邊，主要是為了使花朵的結構更加明確，增強畫面的立體感。在描邊時，應順著花芯的結構進行，用筆要流暢，不可拖泥帶水。

13 換用勾線筆，蘸濃墨，對花芯的輪廓進行描邊，突出立體感。

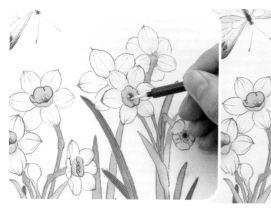
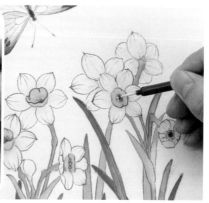

14 用勾線筆蘸白粉，為花芯添加高光。

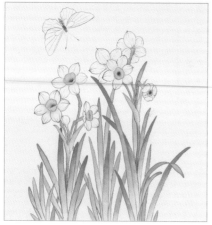
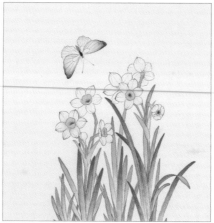
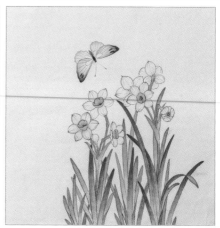

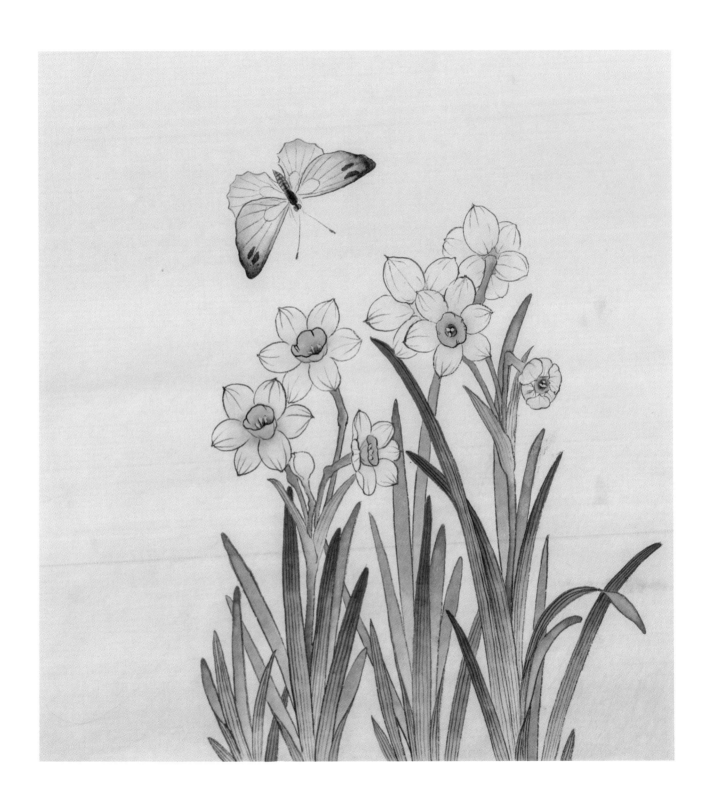

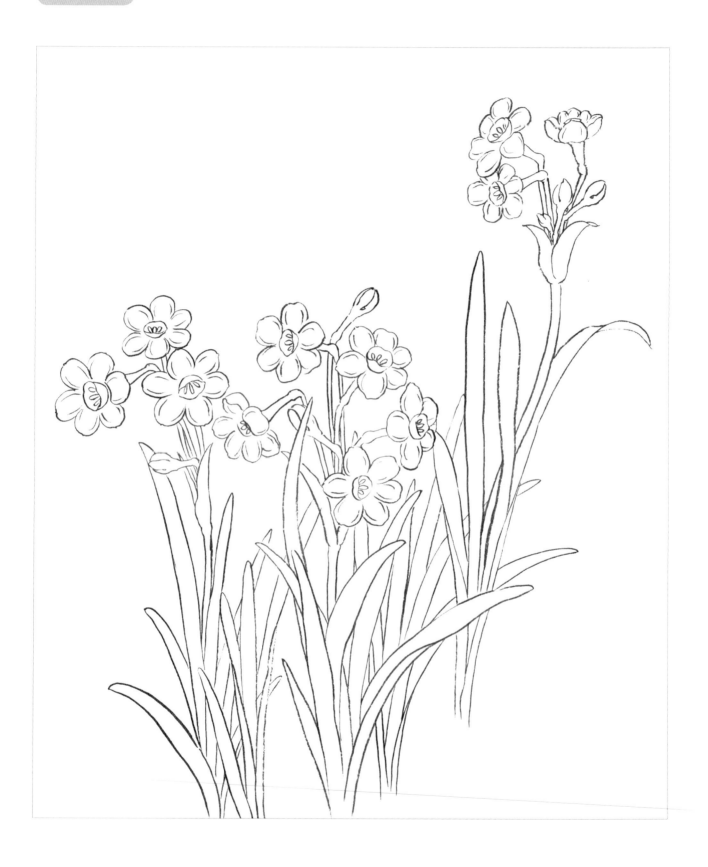

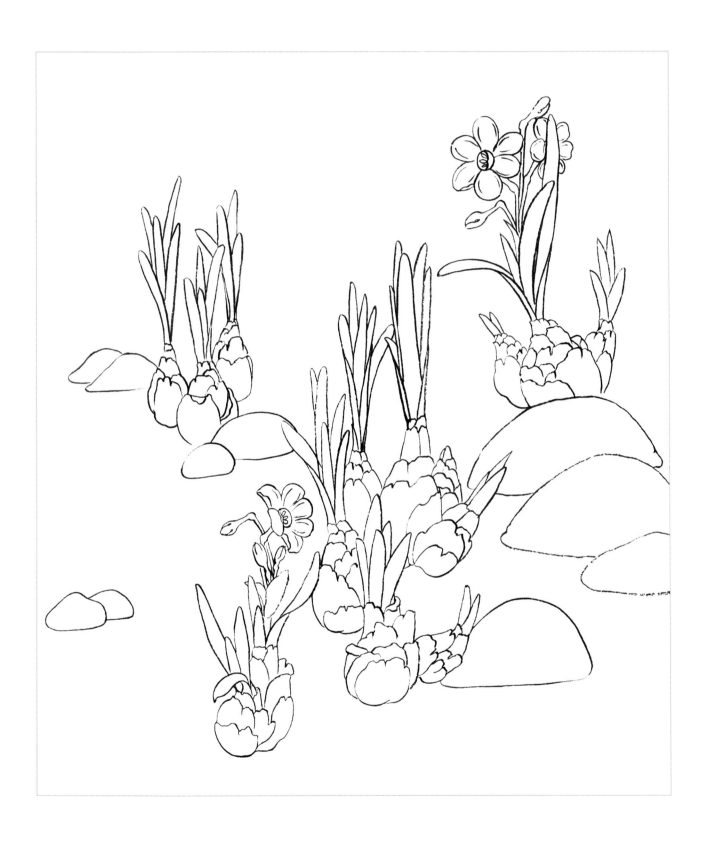

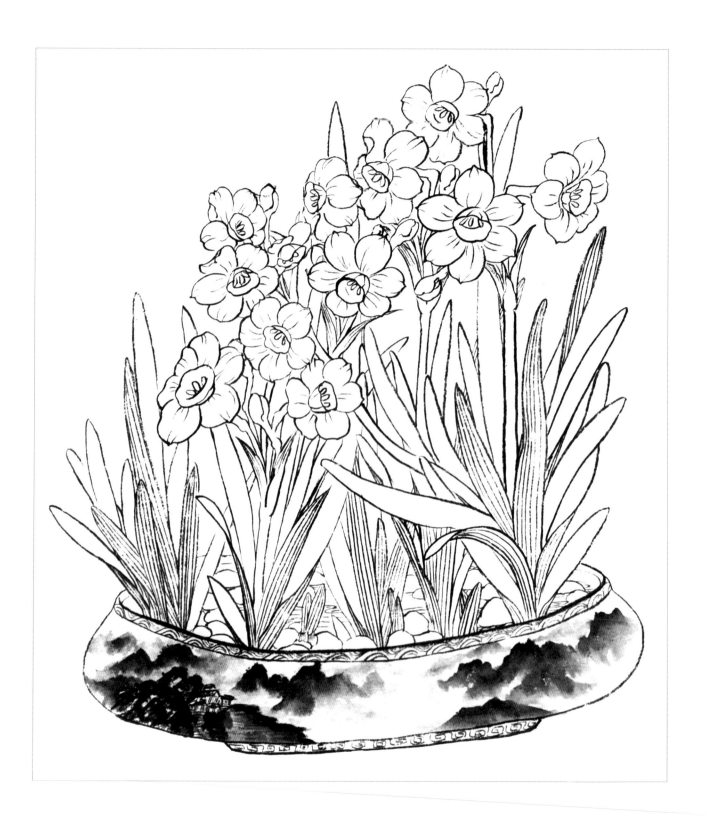

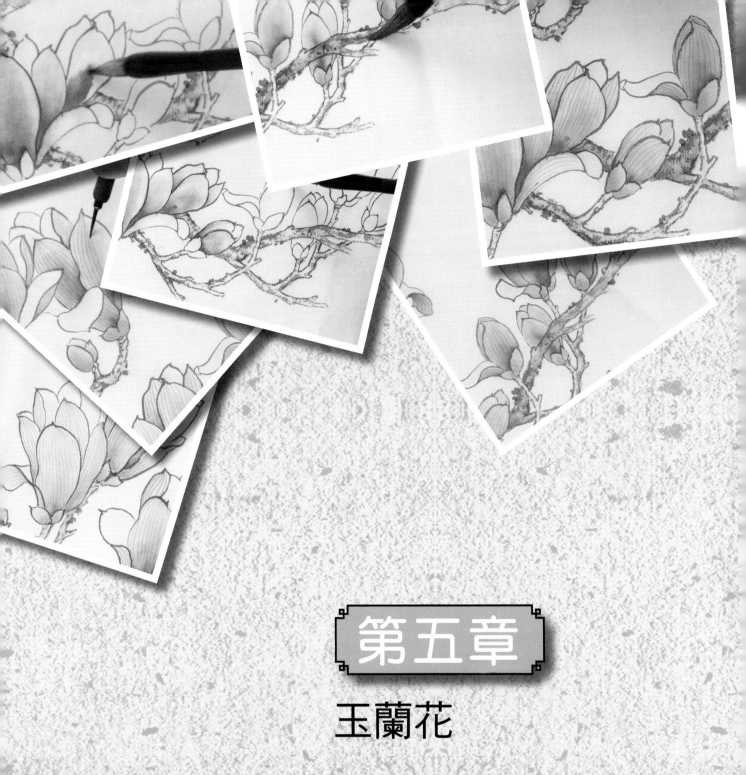

第五章

玉蘭花

玉蘭花在春天開放，花瓣形狀略長。在繪製玉蘭
花時應先勾畫出花的大致結構，接著再進行分染和罩
染。勾畫花瓣時中、側鋒兼用，落筆要有虛有實，在
轉折的地方可適當地誇張一些，使勾出的線有輕重、
起伏的變化。

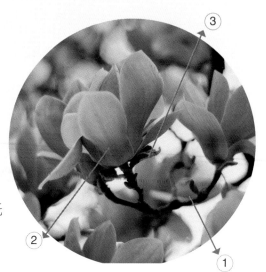

① 花梗　② 花瓣　③ 花托

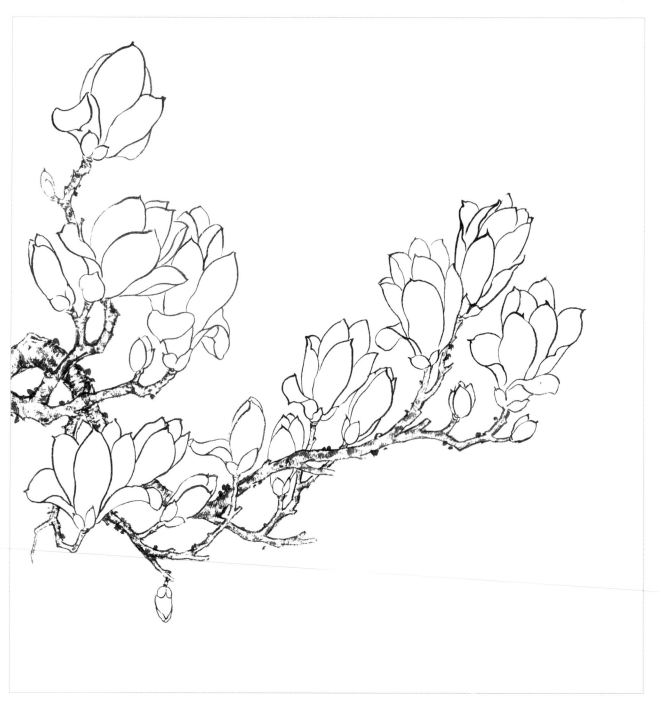

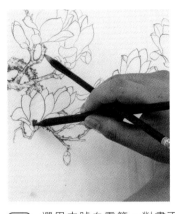 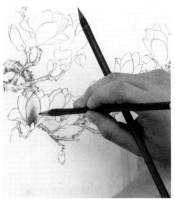 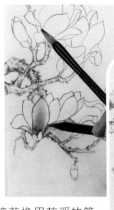 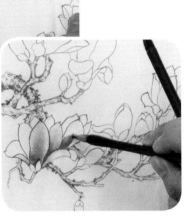

1 選用中號白雲筆，對畫面前面玉蘭花的花瓣進行分染，接著換用乾淨的筆蘸清水將顏色暈染開。

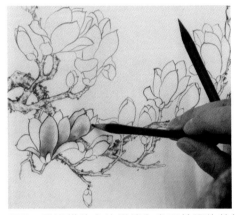 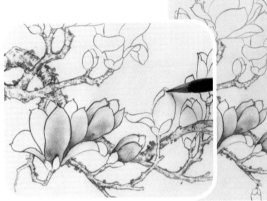 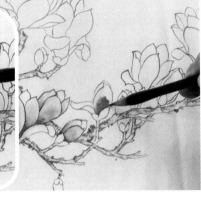

2 用同樣的方法繼續為畫面前面的其他玉蘭花瓣進行分染。注意花瓣底部的顏色可稍重一些，突出花瓣的體積感。

3 對花瓣進行分染時，應注意對水分的控制，受光面的水分應多一些，使花瓣的顏色更加透亮。

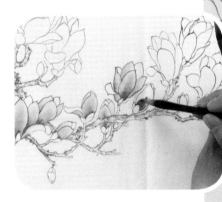 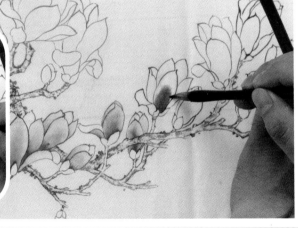

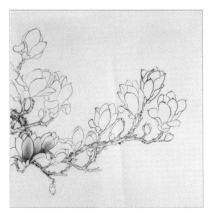 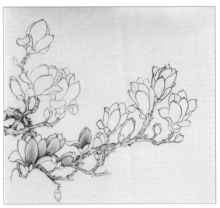 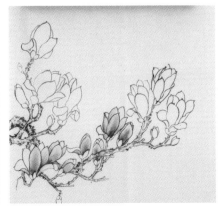

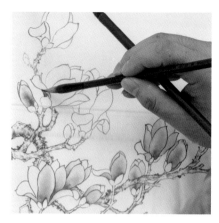 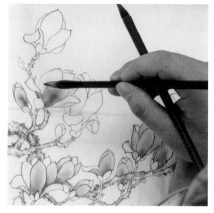 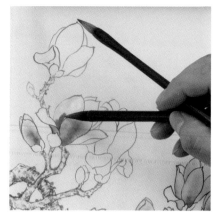

4 再蘸曙紅，對畫面後面的玉蘭花進行分染，在用清水暈染時漸層要自然。

5

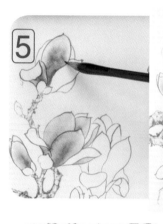 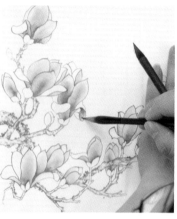 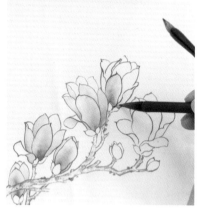

由畫面可以看出，在暈染花瓣的顏色時，水分的掌握是非常重要的，水分多了會破壞畫面的效果，少了達不到暈染的效果，所以畫好花瓣的前提是掌握好水分。

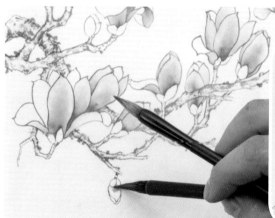 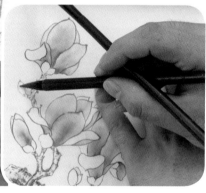

6 繼續用曙紅和水調和對花苞進行分染。

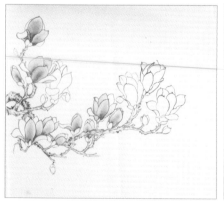 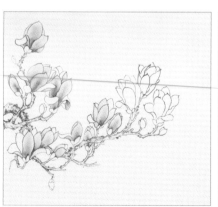 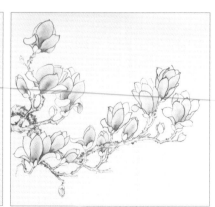

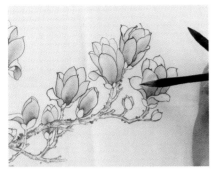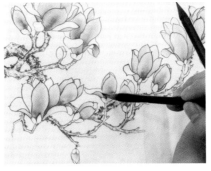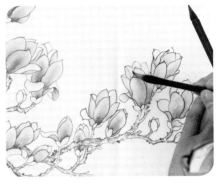

7 對畫面中花瓣的背面進行分染，顏色應比正面的稍深一些，突出前後的空間關係。

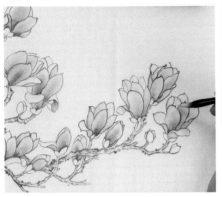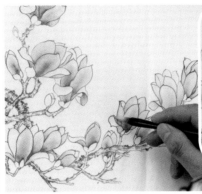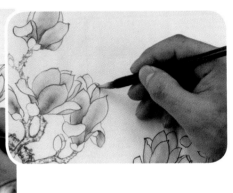

8 對畫面中花瓣的正面分染顏色，正面的顏色應稍淡一些，所以用水暈染顏色時，水分適當多一些。

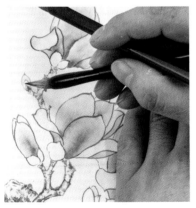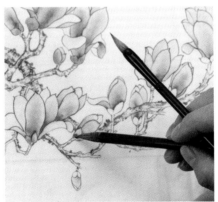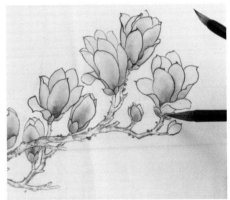

9 蘸藤黃和少許赭石的調和色，為玉蘭花的花托著色，注意受光面與背光面顏色深淺的變化。

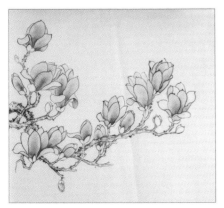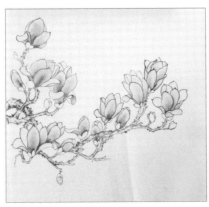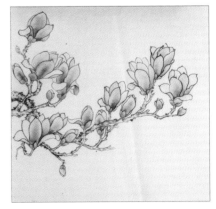

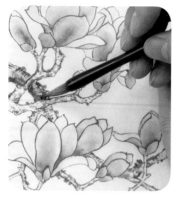
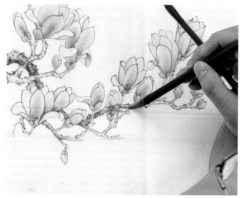
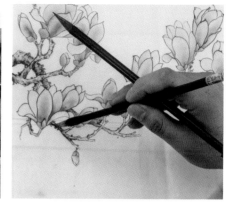

10 繼續用藤黃和赭石的調和色為枝幹著色，注意要呈現出枝幹的體積感。

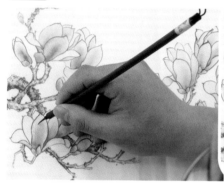
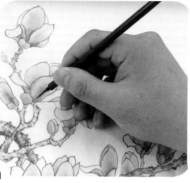
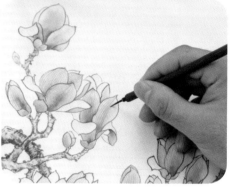

11 選用小號勾線筆，用清水調和少許曙紅，為花瓣添加紋理，用筆要流暢。

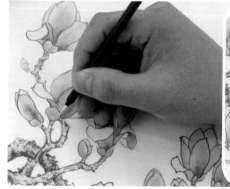
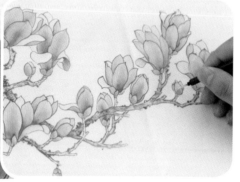

知識拓展

為花托畫花紋時，要有聚有散，應在保持其結構的基礎上進行，這樣畫出來的花托才會更加自然生動。

12 繼續用小號勾線筆，蘸白粉和少量水的調和色修飾花托。

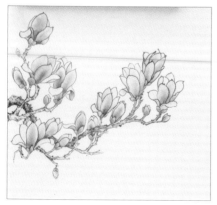
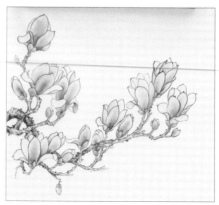
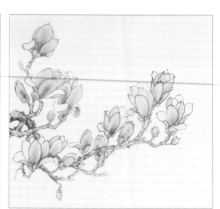

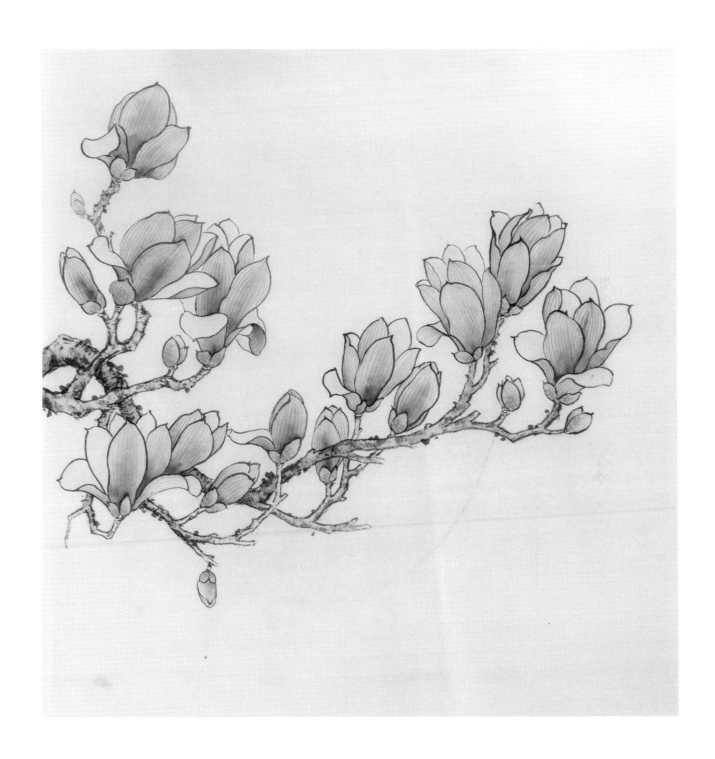

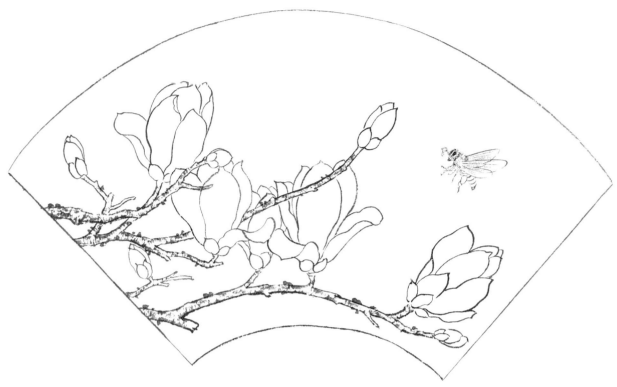

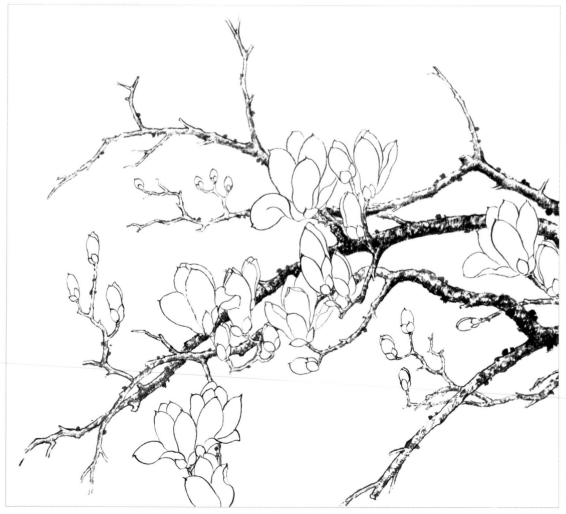

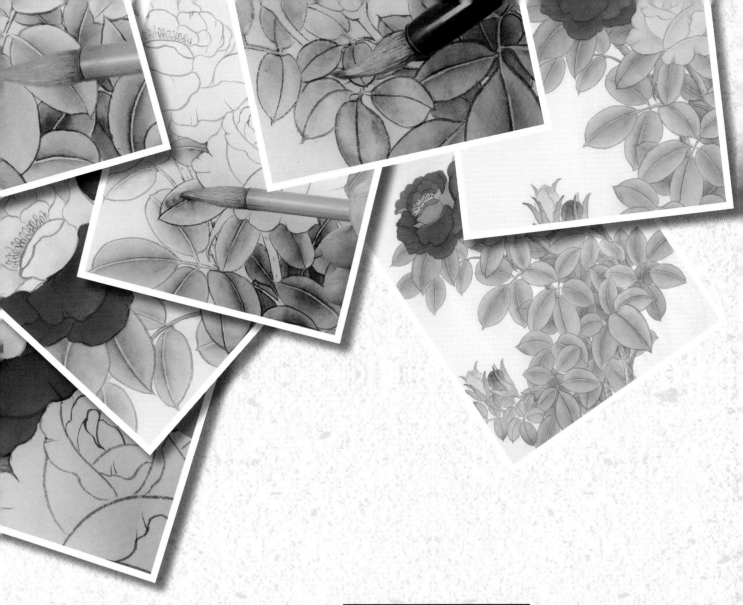

第六章

月季花

月季，有紅色、黃色等顏色，可分為花苞、半開和全開三種形態。在繪製花瓣的時候可以先採用平塗的方式將整片花瓣塗上一層淡淡的墨色，接著用其他顏色罩染，直到達到滿意的效果為止，點畫花蕊時注意要有聚有散，使畫面整體協調、自然。

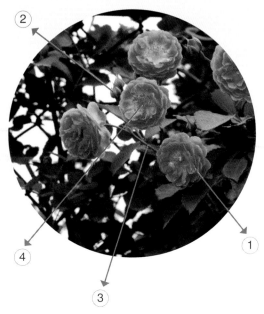

① 花瓣　② 花苞　③ 花梗
④ 花蕊

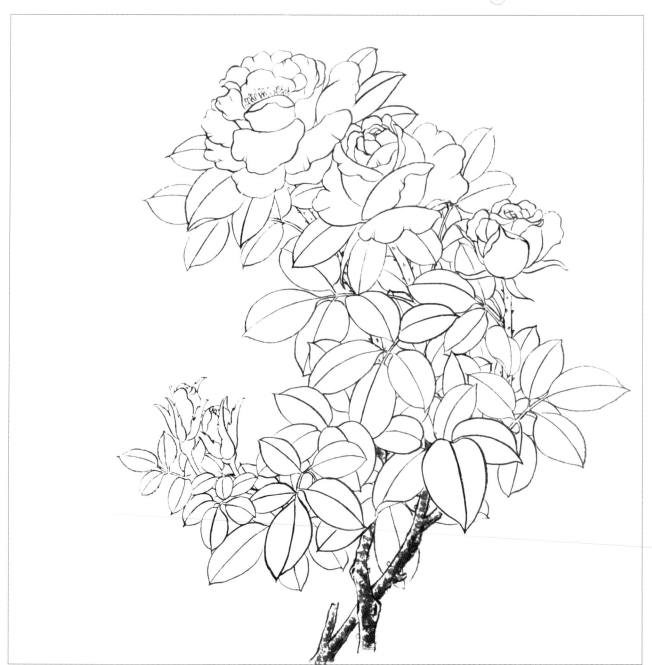

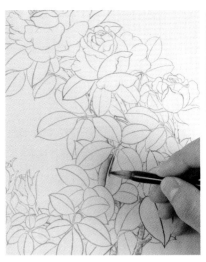 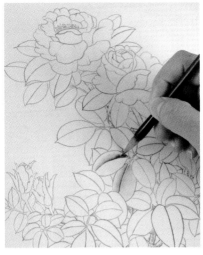 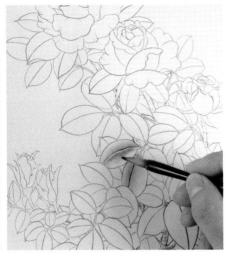

1 用筆尖蘸濃墨，為月季花的暗部畫底色，接著用清水將其暈染開。

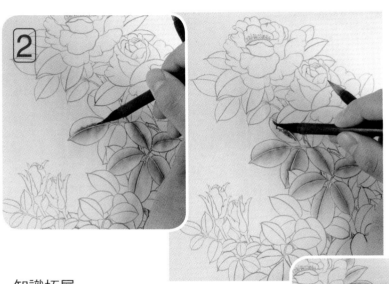

2

3

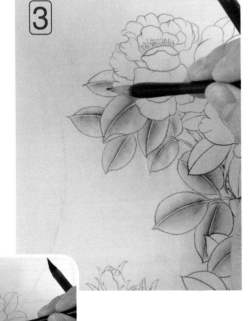

知識拓展

　　暈染月季花葉子時，應注意水分的掌握，靠近葉脈處的顏色應深一些，往外擴散逐漸變淡，葉脈的邊緣應留有空隙，使畫面有透氣感。

　　在表現花瓣下面的葉子時，由於花瓣的投影，靠近花瓣的葉子的顏色應深一些。

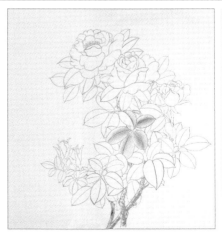 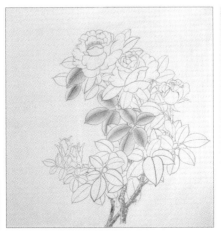 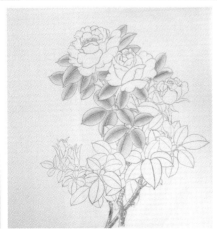

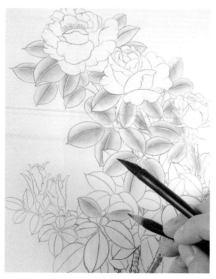

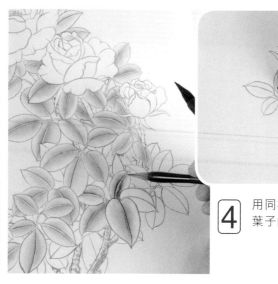

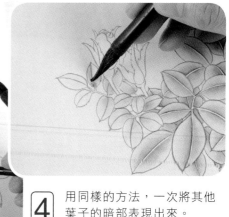

④ 用同樣的方法，一次將其他葉子的暗部表現出來。

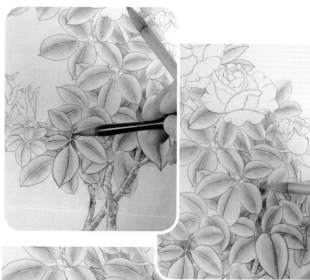

為花葉的暗部分染顏色是為了後面與其他的葉子的顏色形成對比，讓明暗關係更加明確。

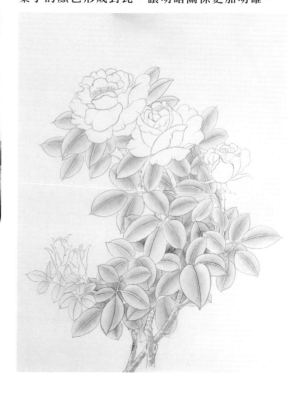

⑤ 蘸花青，為花葉的暗部分染顏色。

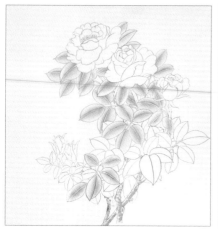

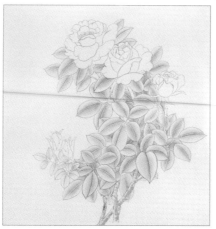

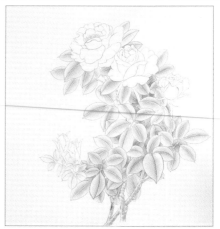

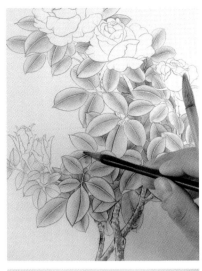

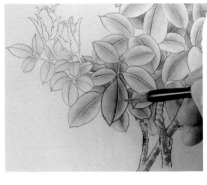

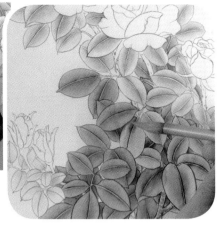

7 蘸酞青藍和藤黃的調和色為花葉進行罩染。

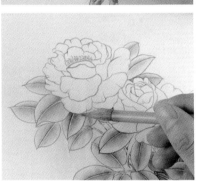

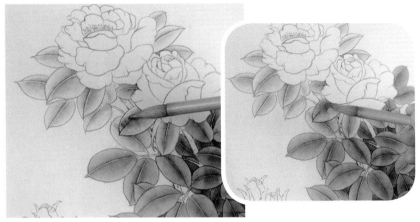

6 用同樣的方法為其他葉子的暗面分染顏色。

8 蘸赭石為葉尖分染顏色。

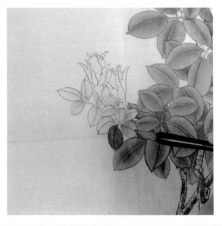

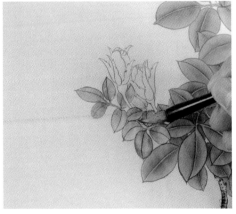

9 蘸藤黃和少許酞青藍，為嫩葉分染顏色，亮面適當地加一些白粉調和。

為嫩葉分染顏色時，應多加一些藤黃，突顯嫩葉的特徵。

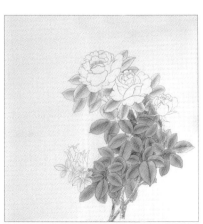

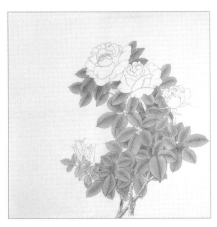

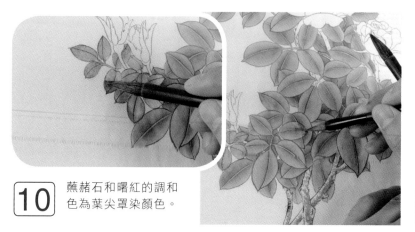
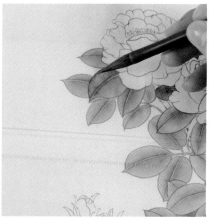

10 蘸赭石和曙紅的調和色為葉尖罩染顏色。

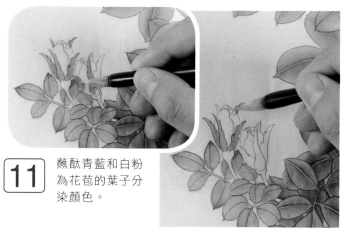
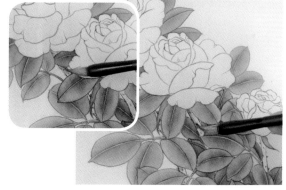

11 蘸酞青藍和白粉為花苞的葉子分染顏色。

12 蘸淡墨和少許酞青藍的調和色為花的枝幹分染顏色，注意水分的掌握。

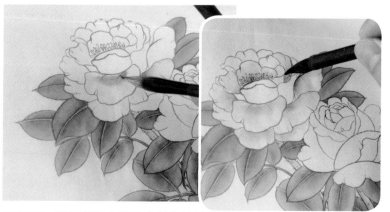
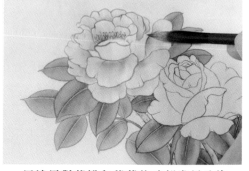

13 蘸淡墨為左邊的花瓣和花蕊的暗面著色，接著用清水將墨色暈染開。

用淡墨對花瓣和花蕊的暗部進行分染，主要是為了突出花瓣的結構。分染時應順著花瓣的結構進行，墨色不可太重，太重會影響後面對花瓣顏色的罩染，即罩染出來的花瓣顏色會顯得髒，破壞畫面的效果。

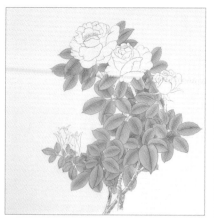
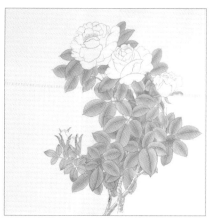
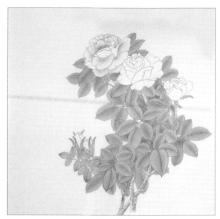

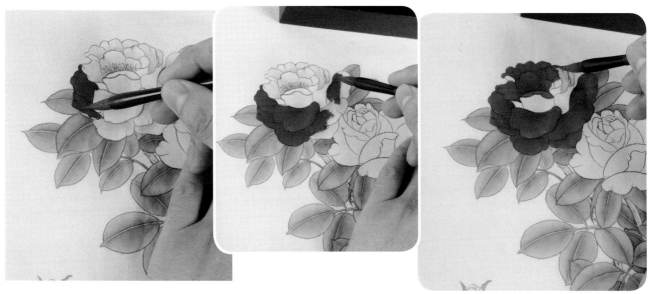

14 蘸大紅對花瓣進行罩染，接著再蘸大紅和少許藤黃的調和色對瓣尖進行分染。

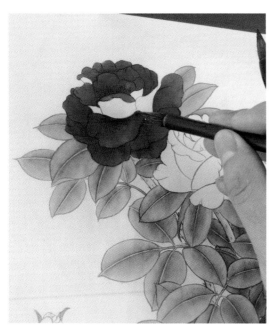

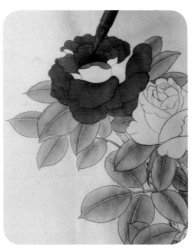

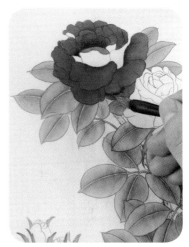

15 蘸大紅和胭脂的調和色對花瓣的底部進行分染，注意顏色的銜接要自然。

花瓣的瓣尖用大紅和藤黃進行分染，主要是為了使畫面更加豐富；用大紅和胭脂分染花瓣的底部主要是為了突出花瓣的立體感，使花瓣的結構更加明顯。

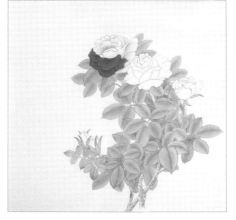

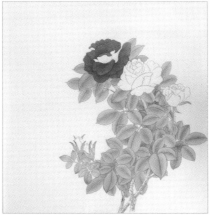

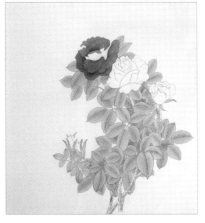

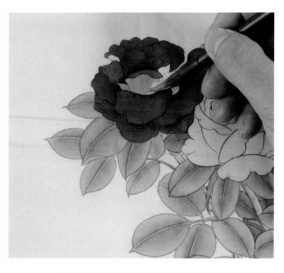
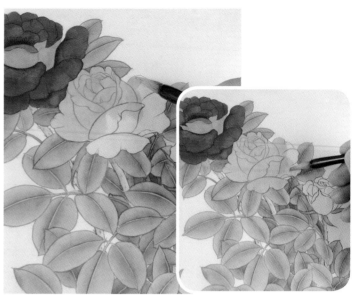

16 用少許大紅和白粉的調和色為花瓣的背面分染顏色。

17 蘸藤黃為中間的花朵進行分染。

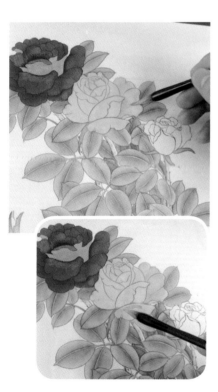
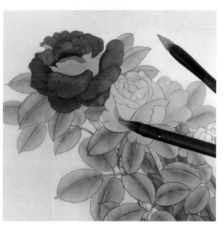
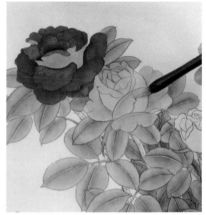

18 蘸大紅，從花瓣的根部開始對花瓣進行分染。

知識拓展

為花瓣進行分染時，應順著花瓣的結構由底部逐步往上分染，用筆要流暢，突出花瓣的結構特點，增強畫面的立體感。

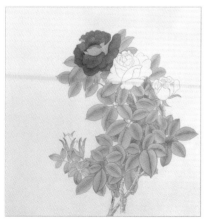
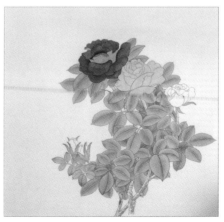
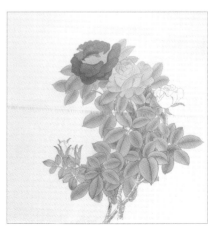

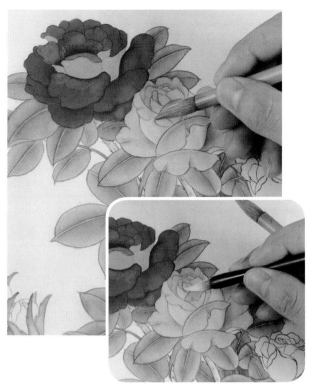

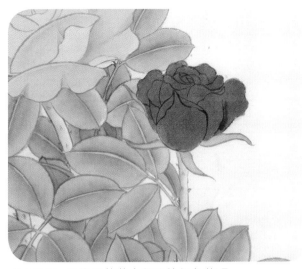

20 用白雲筆蘸大紅平塗紅色花頭。

知識拓展

給月季花花頭設色時，要注意透過顏色的深淺變化表現出花頭的結構層次。黃色花頭的亮部可以加白粉，暗部加硃磦突出層次和空間感。紅色花頭的暗部可以調大紅加少許墨分染，突出花頭的立體感。

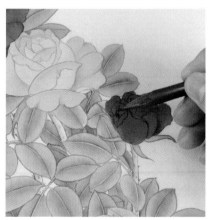

19 用藤黃加少許白粉染黃色花瓣的反面，表現出花頭的層次感。

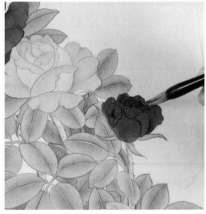

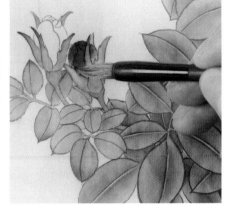

21 用大紅蘸少許墨色調和，分染紅色花頭的根部，突出花頭的明暗關係，加強對比。

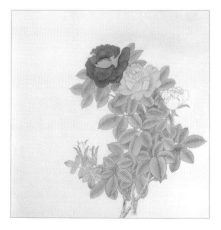

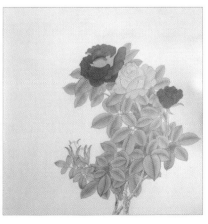

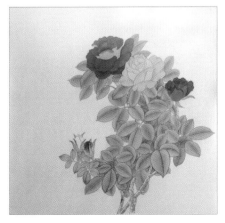

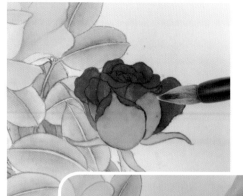

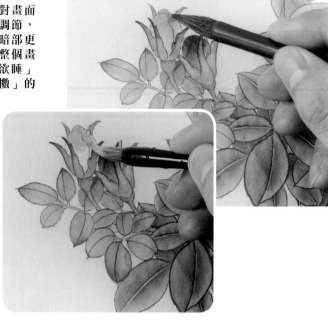

提染是對畫面明暗關係的調節，亮部提亮，暗部更暗，獲得使整個畫面從「昏昏欲睡」到「精神抖擻」的視覺效果。

22 用大紅調和白粉，蘸滿筆尖，對花頭的亮部進行提染。

23 蘸藤黃為畫面左下角的黃色花苞進行分染顏色，接著用大紅對花苞的瓣尖進行提染，使畫面的明暗關係更加突出。

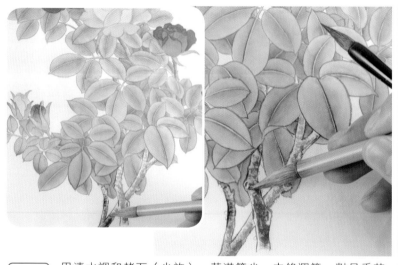

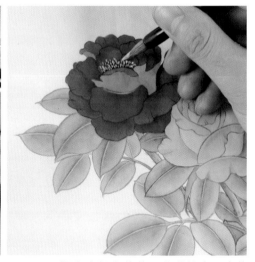

24 用清水調和赭石（少許），蘸滿筆尖，中鋒運筆，對月季花的花梗進行第二遍的分染，顏色漸層要自然、柔和。

25 調和白粉和藤黃，蘸滿筆尖，中鋒運筆，點畫花蕊。

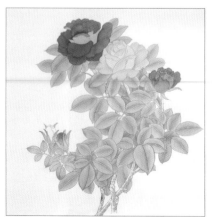

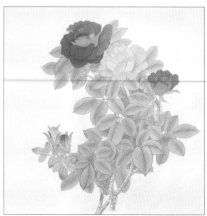

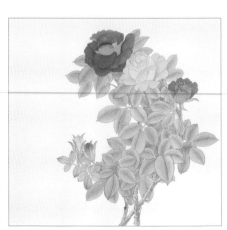

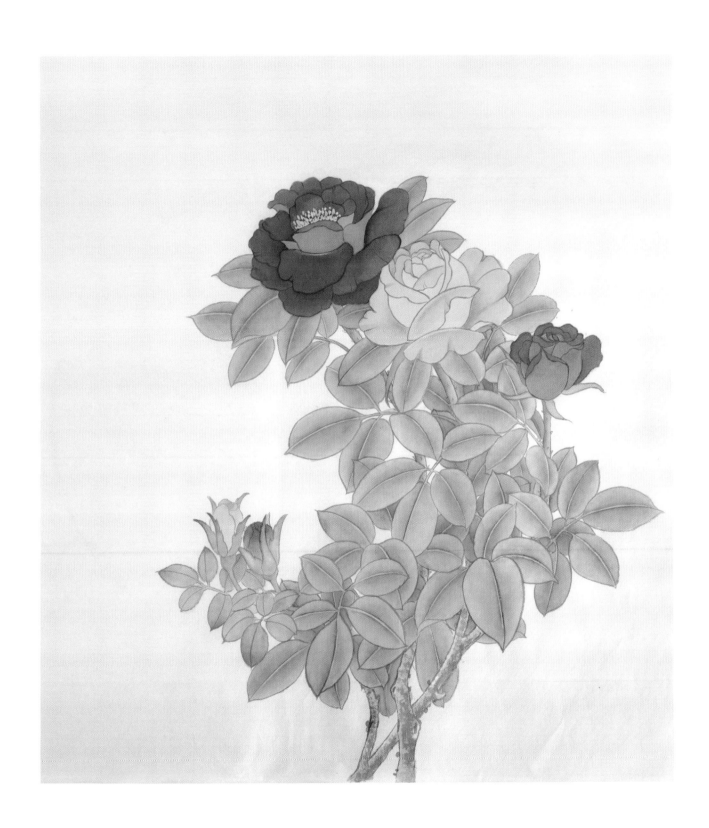

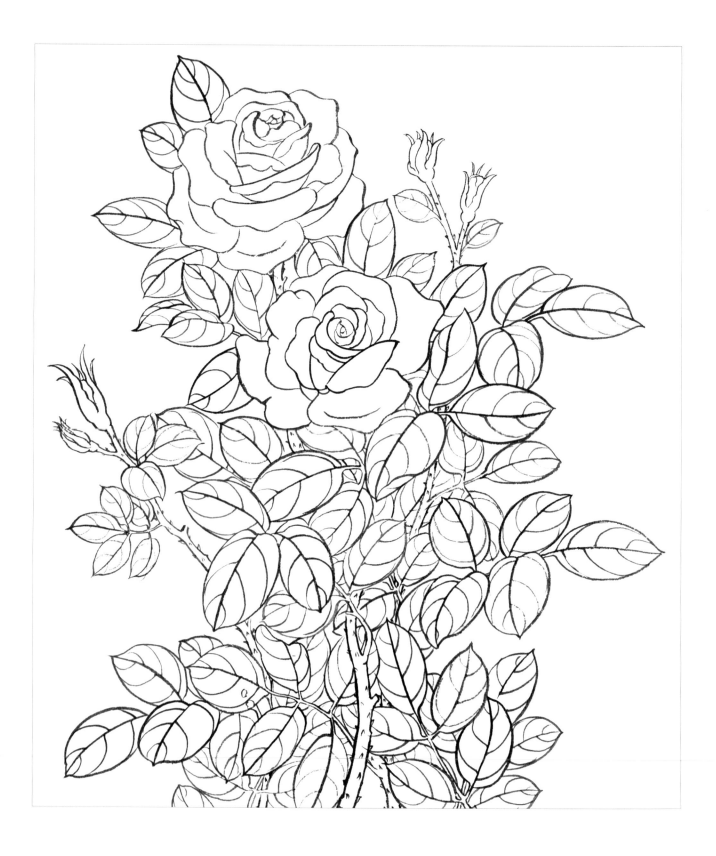

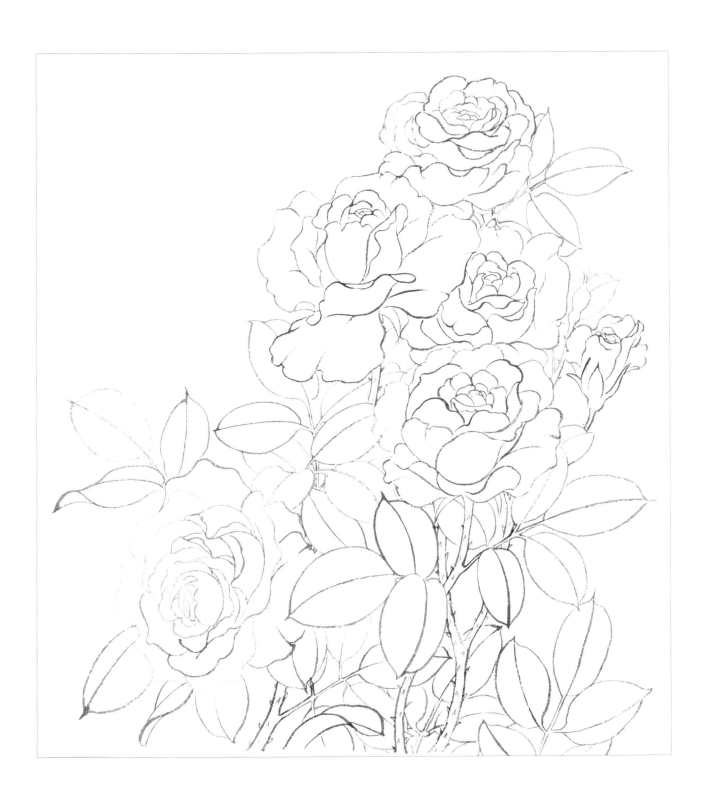

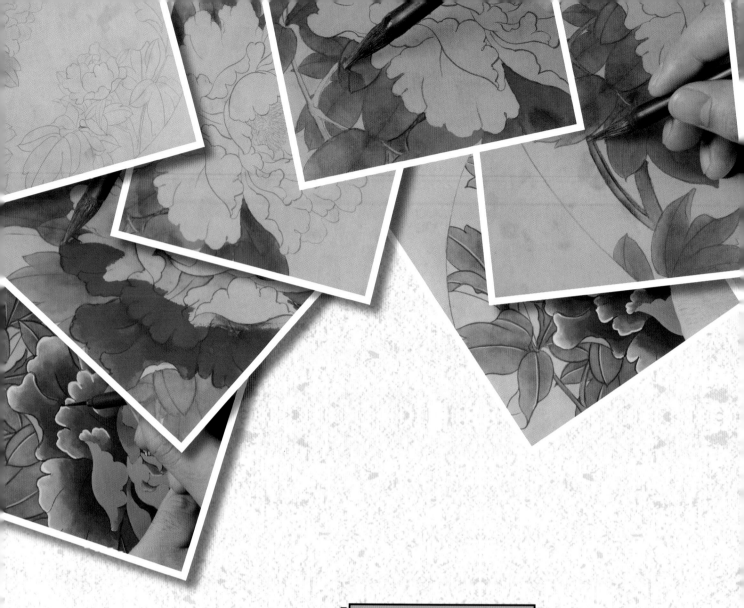

第七章

牡丹花

牡丹，因品種不同，花瓣有單瓣、重瓣和起樓之分，色彩也因品種而異，五彩繽紛。初學時，無論是臨摹還是寫生，不能只盯著一瓣一葉，而要學會整體掌握，做到「整體著眼，局部入手」，而且要在複雜多變的花形中，找出基本的結構特徵，即找出花朵的概形。

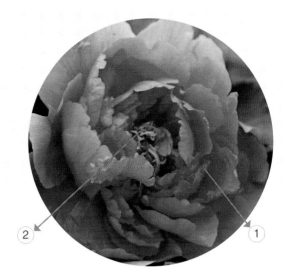

① 花瓣　② 花蕊

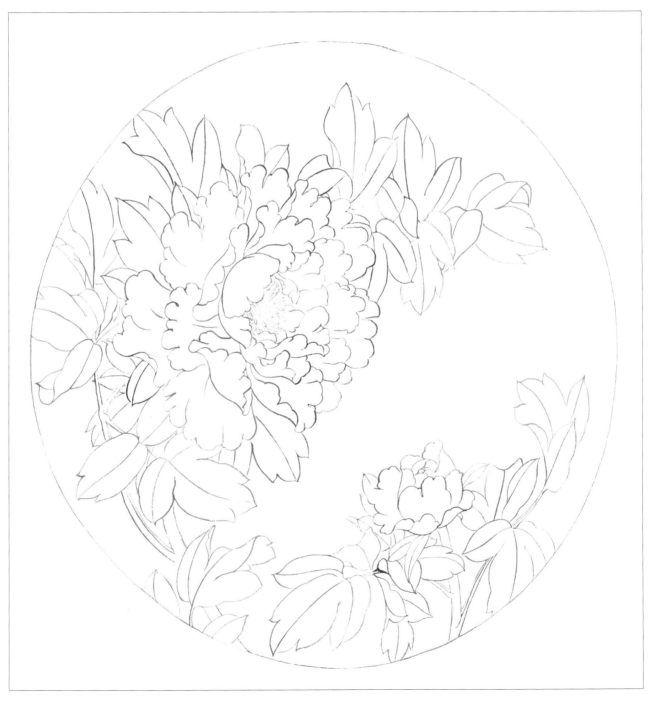

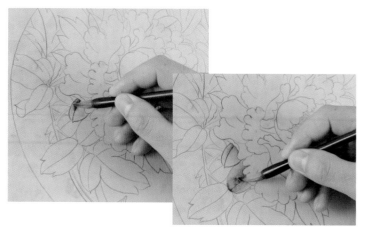
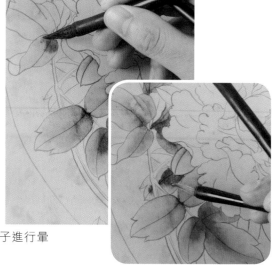

1 選用一支乾淨的大白雲筆，蘸清水，對畫面左側牡丹花的葉子進行暈染，接著蘸淡墨為牡丹花的葉子進行分染。

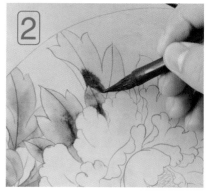
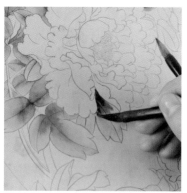

知識拓展

勾畫葉脈是一個重要的步驟，因葉片的轉折、向背以及組織布局都是由它決定，所以在勾葉脈時要從畫面的整體布局出發進行調整，不能只從局部推敲。

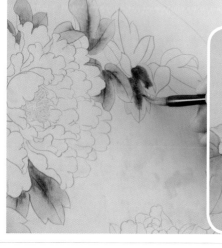
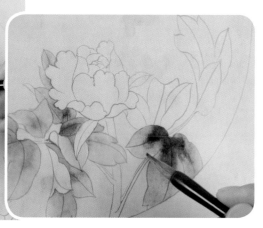

3 蘸濃墨，為畫面右側牡丹花的葉子根部染色。

在分染牡丹花的葉子時，注意為了突出前後空間關係，葉子的顏色深淺是不一樣的。

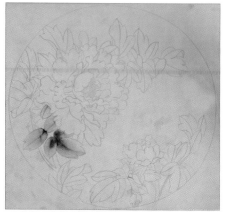
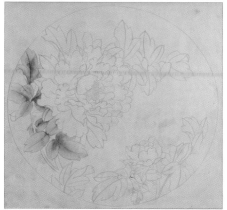
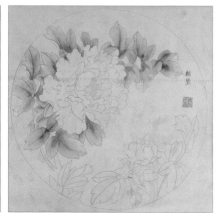

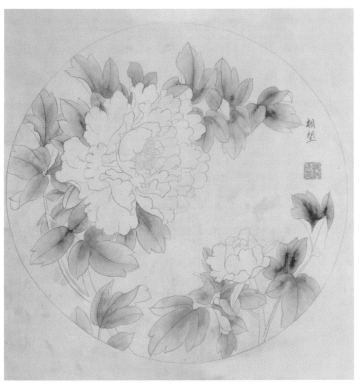

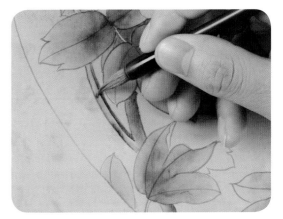

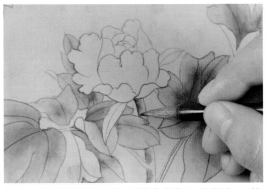

由此幅圖可以看出，畫面中的兩朵牡丹花是相互呼應的，構圖時應考慮好構圖和大致的位置，分清畫面的主次。

④ 繼續用濃墨為牡丹花的花梗分染顏色，花梗的邊緣顏色應稍重一些，使花梗更加有立體感。

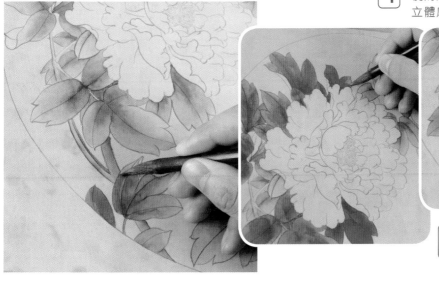

⑤ 蘸藤黃和花青的調和色，為花葉著色，注意前後葉子的顏色變化。

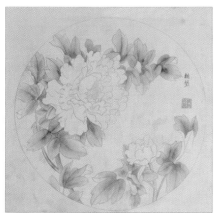

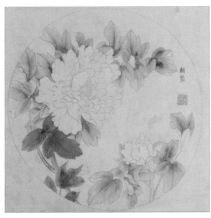

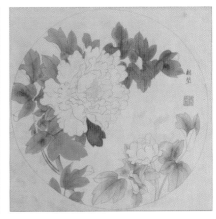

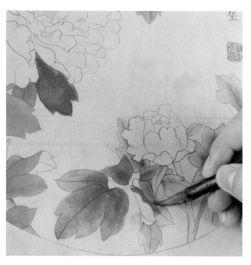
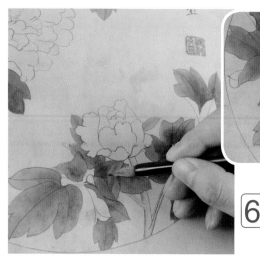
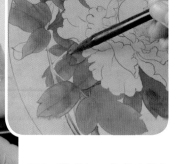

6 蘸曙紅,為葉尖添加顏色,突出葉子的質感,注意顏色間的銜接要自然。

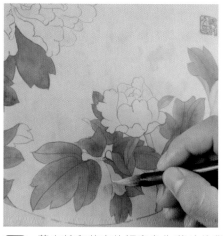

7 蘸白粉和花青的調和色為葉片的背面分染顏色。

知識拓展

撒鹽:工筆畫特殊技法的一種。鋪好底色後,趁濕在上面撒上食鹽,任其自然滲化,形成雪花狀的肌理效果。

塗蠟:工筆畫特殊技法的一種。在未畫完或畫到中間過程時,在畫面上不規則地塗抹一些石蠟,使畫面產生局部不掛色的斑駁效果。此法也可表現下雨時的效果。

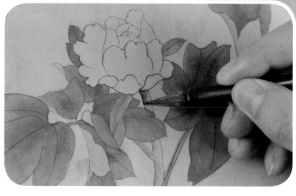
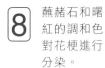

8 蘸赭石和曙紅的調和色對花梗進行分染。

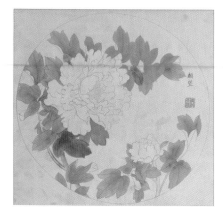
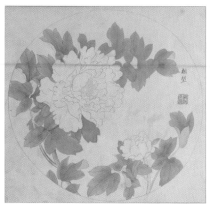
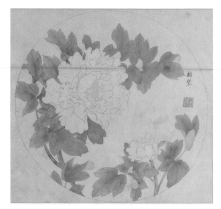

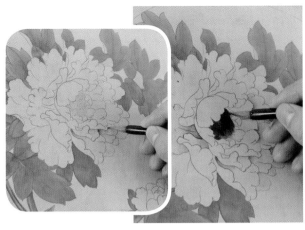

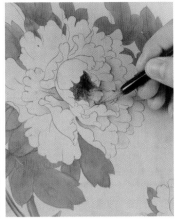

9 使用淡墨為左上角的花瓣鋪上淡淡的一層色調，接著蘸濃墨為花芯暈染顏色。表現出花的體積感和層次關係。

10 蘸大紅對花瓣進行罩染，主要顏色要均勻。

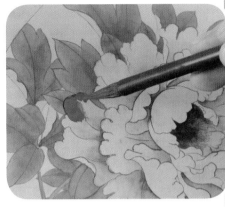

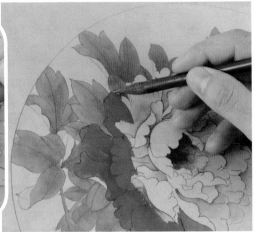

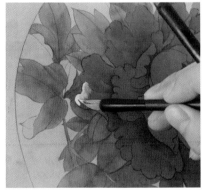

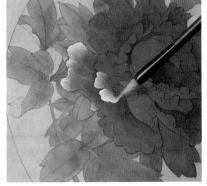

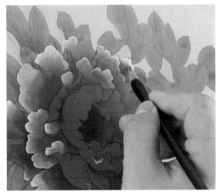

11 蘸大紅（少許）和白粉的調和色，對花瓣的瓣尖進行分染。

花瓣顏色層次最為細膩，在著色時要牢記「三礬九染」。

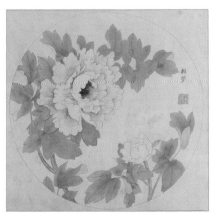

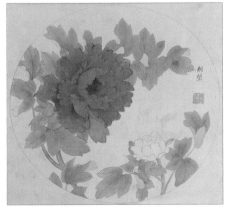

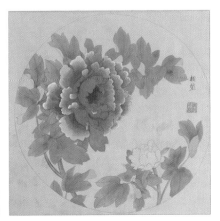

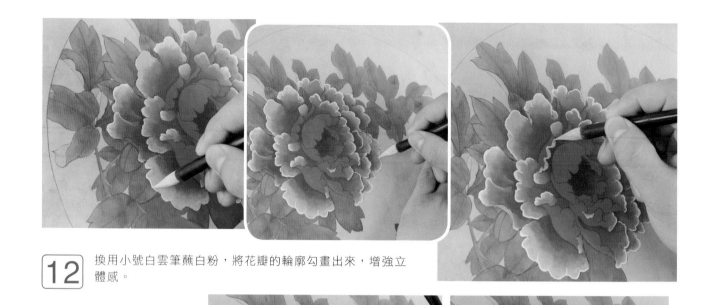

12 換用小號白雲筆蘸白粉，將花瓣的輪廓勾畫出來，增強立體感。

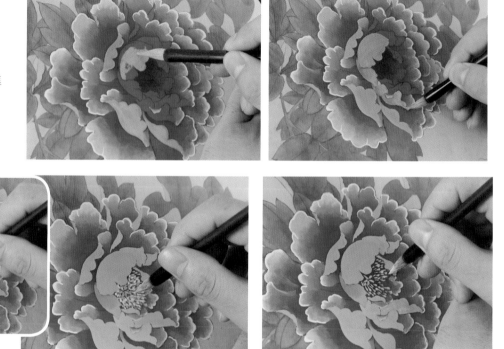

13 用同樣的方法，對花瓣的背面進行分染。

14 蘸藤黃和酞青藍添加花蕊，接著蘸藤黃和大紅的調和色點出蕊絲，蕊絲的姿態要有變化，切忌呆板。

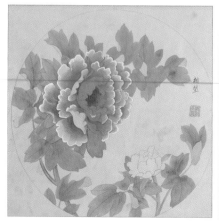
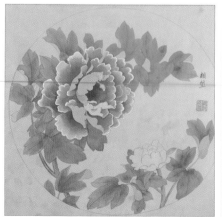
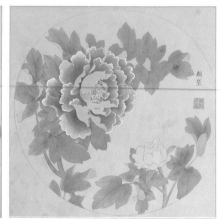

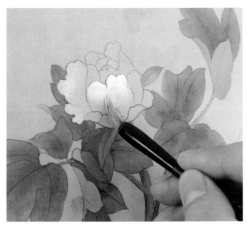 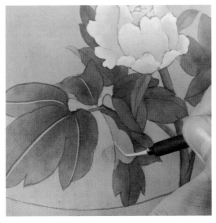

15 蘸白粉，為右下角白牡丹分染顏色，注意遠近花瓣的顏色對比。

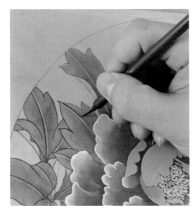 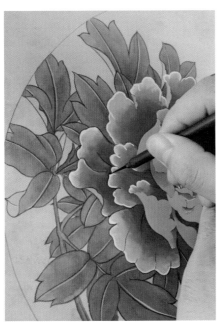 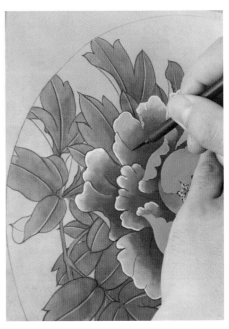

16 換用小號勾線筆，蘸白粉，對花瓣的輪廓和葉莖進行勾畫，增強立體感。

知識拓展

　　皺紙：勾好白描稿後，用噴壺把畫稿稍微打濕，水不要太多，接著把畫稿慢慢攥在一起輕輕揉搓，再展開撫平，用大白雲筆蘸事先準備好的顏色（顏色略重），在畫稿的背面皺擦點染，使顏色滲透，畫稿正面產生碎瓷般斑駁的效果。

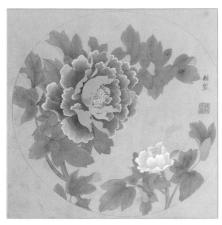 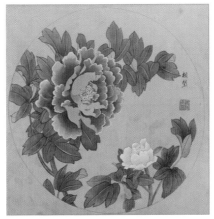 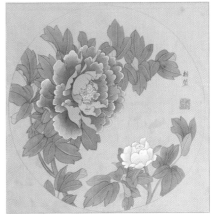

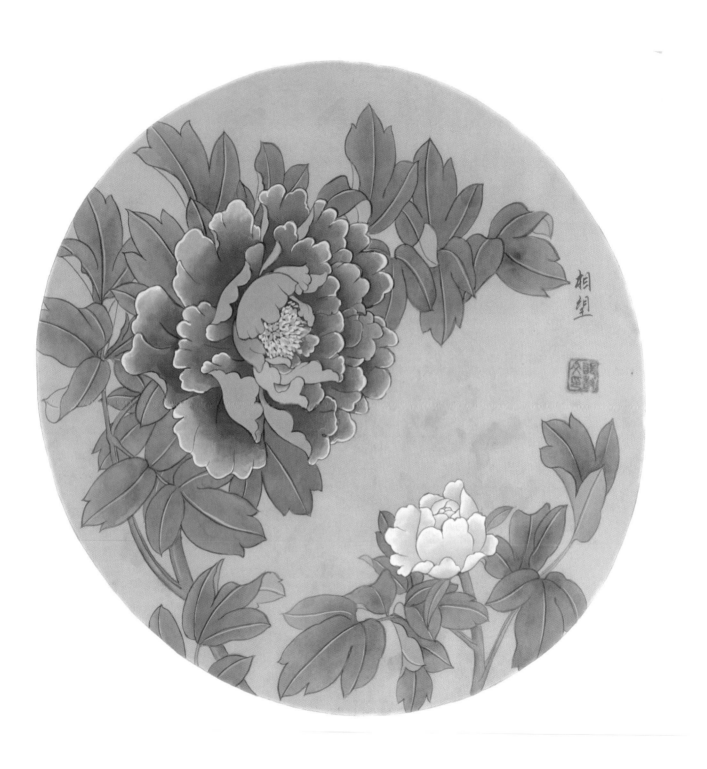

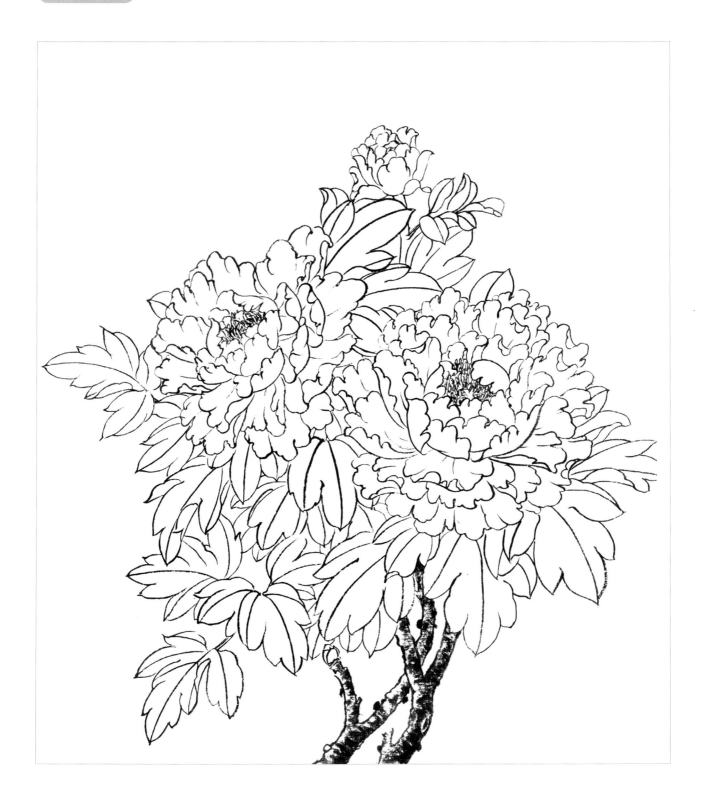

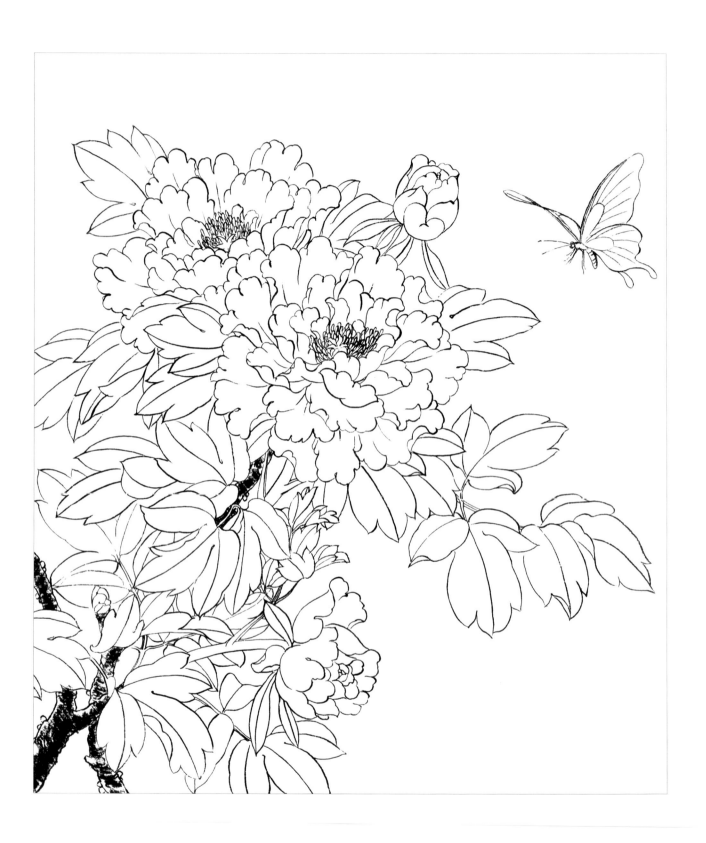

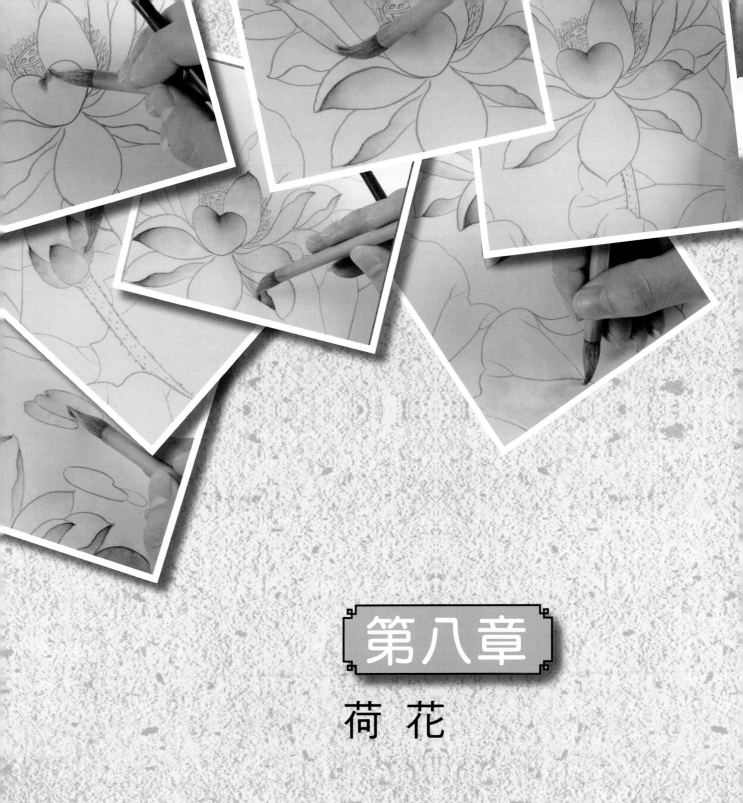

第八章

荷 花

荷 花

荷花通常分為三種形態：盛開花頭、初開花頭與花苞。盛開花頭的花瓣全部展開，花瓣的姿態俯仰變化較多，蓮蓬與花蕊全部露出；在繪製時要從整體到局部同時掌握，既要畫出花頭婀娜的風韻，又要做到細節上的精緻。

① 花瓣　② 花蕊　③ 蓮蓬

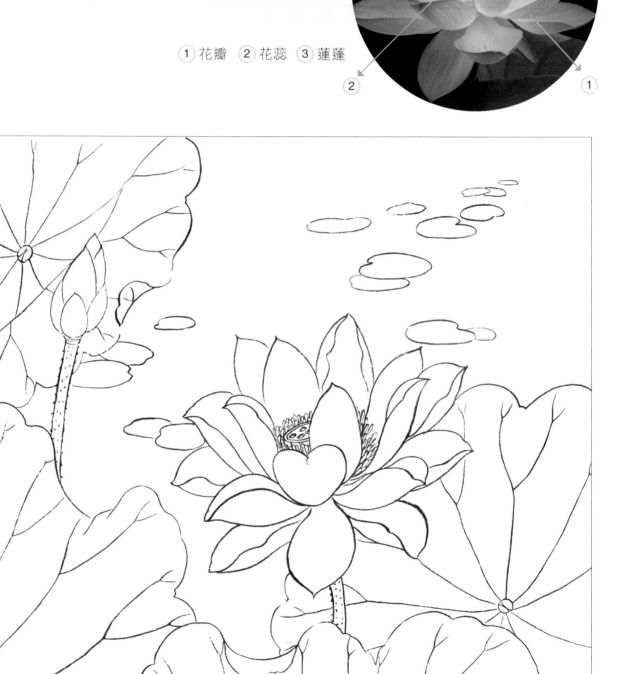

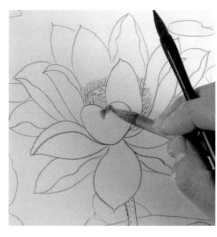 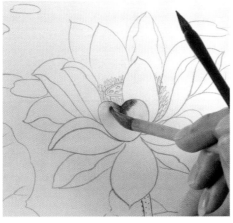

1 選用中號白雲筆蘸胭脂，對中間盛開的荷花花瓣進行著色，接著換一支乾淨的筆，蘸清水暈染胭脂，使顏色暈染開。

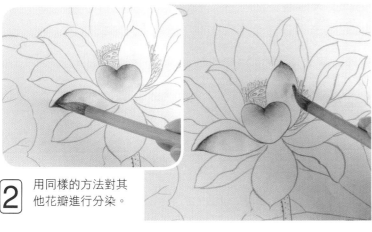 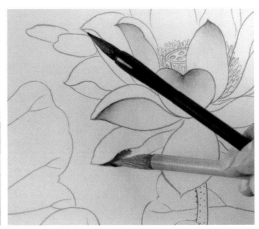

2 用同樣的方法對其他花瓣進行分染。

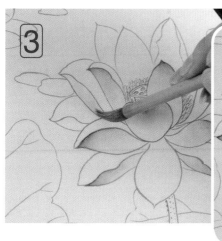 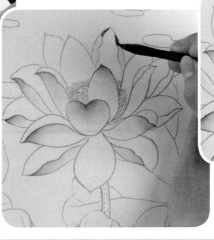

3

為花瓣分染顏色時注意水分的掌握，要將顏色均勻地暈染開來，使花瓣的顏色更加自然。

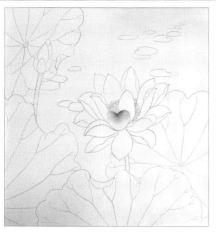 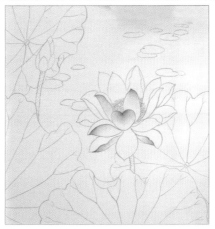 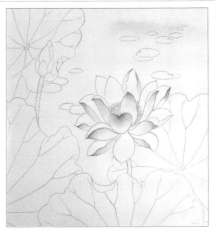

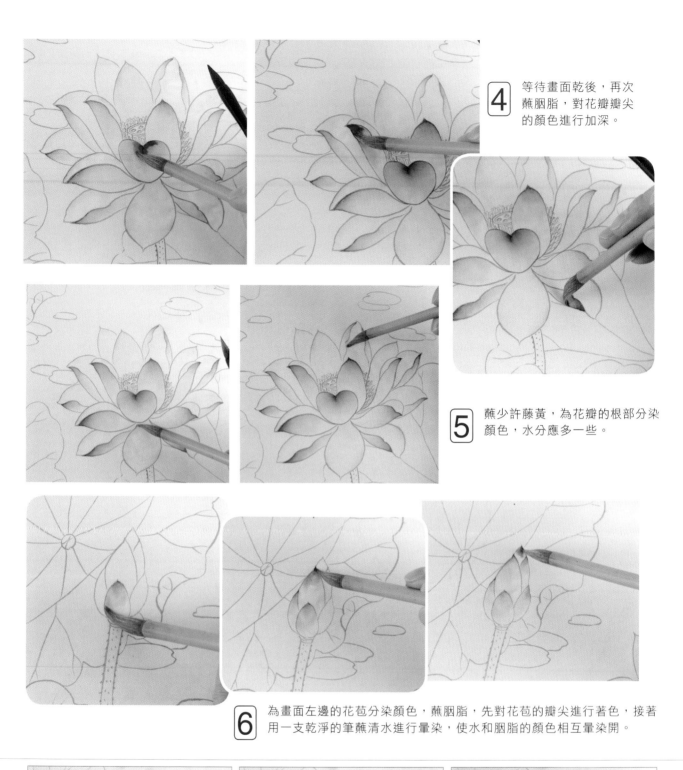

4 等待畫面乾後，再次
蘸胭脂，對花瓣瓣尖
的顏色進行加深。

5 蘸少許藤黃，為花瓣的根部分染
顏色，水分應多一些。

6 為畫面左邊的花苞分染顏色，蘸胭脂，先對花苞的瓣尖進行著色，接著
用一支乾淨的筆蘸清水進行暈染，使水和胭脂的顏色相互暈染開。

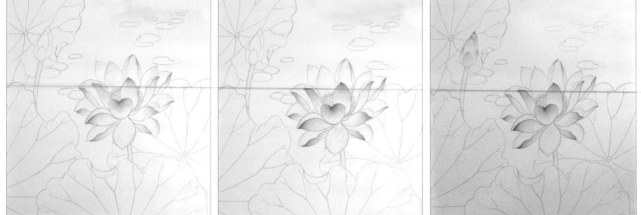

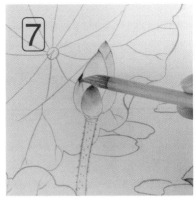

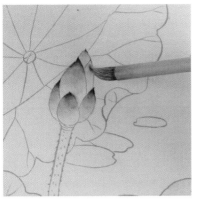

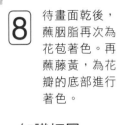

8 待畫面乾後，
蘸胭脂再次為
花苞著色。再
蘸藤黃，為花
瓣的底部進行
著色。

知識拓展

開放的正面花頭，花瓣開放幅度
較大，可以完全看到露出來的蓮蓬，
蕊絲簇擁蓮蓬的形態也一覽無遺。繪
製時，要注意蓮蓬、花蕊、花瓣三者
之間的關係。

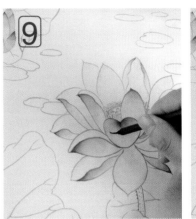

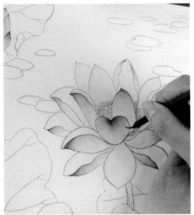

為花瓣添加脈紋時，
線條要流暢，紋理要分布
均勻。

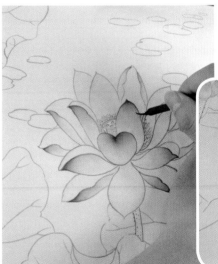

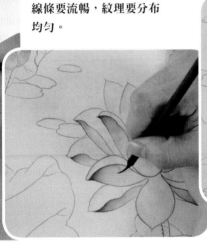

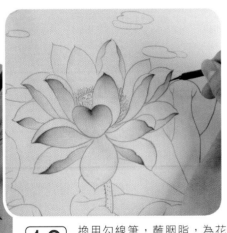

10 換用勾線筆，蘸胭脂，為花
瓣添加脈紋。

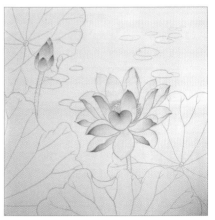

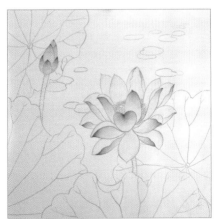

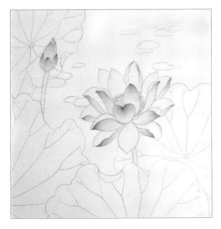

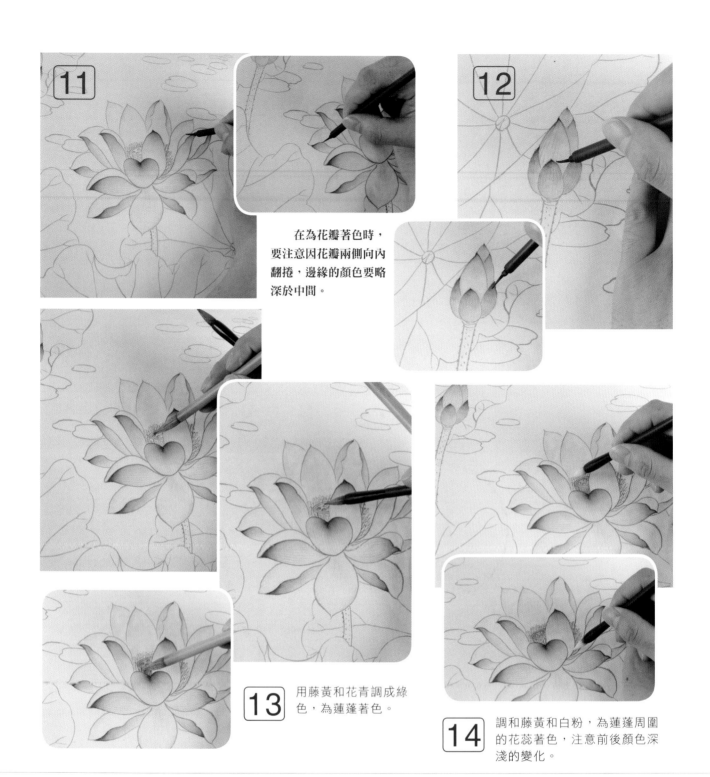

在為花瓣著色時，要注意因花瓣兩側向內翻捲，邊緣的顏色要略深於中間。

13 用藤黃和花青調成綠色，為蓮蓬著色。

14 調和藤黃和白粉，為蓮蓬周圍的花蕊著色，注意前後顏色深淺的變化。

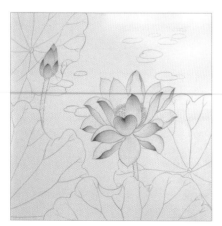
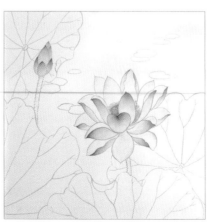
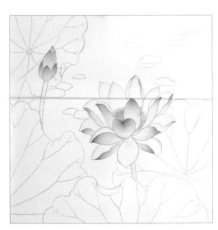

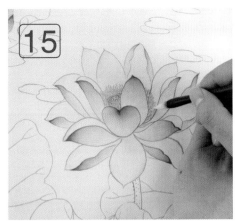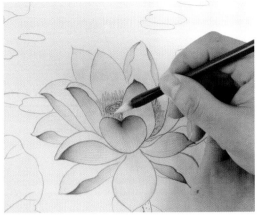

亮面的花蕊用色可稍厚重一些，暗部的顏色水分可稍多些，注意對比，突出畫面的明暗關係。

知識拓展

荷葉葉脈的長短與濃淡都與荷葉的形態相關，荷葉寬的部分葉脈長，窄的部分葉脈短，遠、近的葉脈也要有濃淡之分。

在繪製葉脈的時候，要注意荷葉的葉脈呈放射狀由葉臍生長出來，應該由中間部分向外畫出。

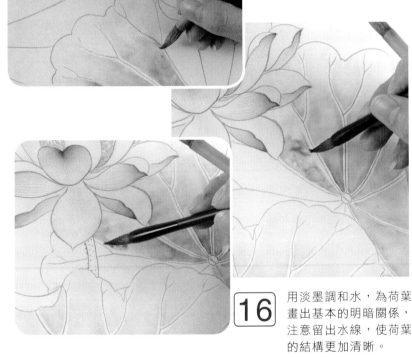

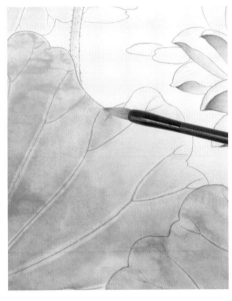

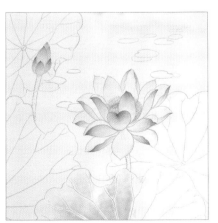

16 用淡墨調和水，為荷葉畫出基本的明暗關係，注意留出水線，使荷葉的結構更加清晰。

17 蘸藤黃和花青依次為荷葉分染顏色，注意荷葉不同顏色的對比。

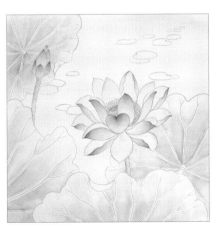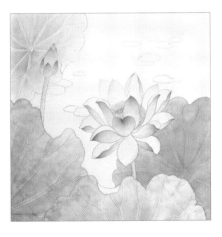

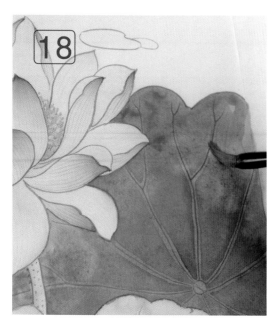

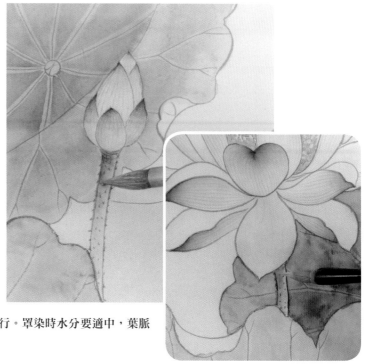

在為荷葉罩染第二層顏色時，應等畫面乾後再進行。罩染時水分要適中，葉脈處的水分要多一些，將葉脈的質感表現出來。

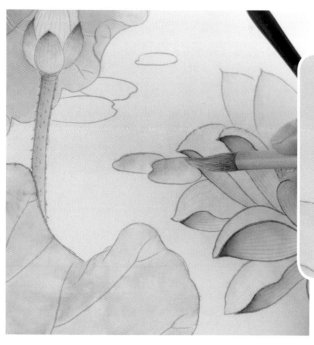

19 蘸花青和藤黃以及白粉調成綠色，為荷葉罩染第二層顏色。

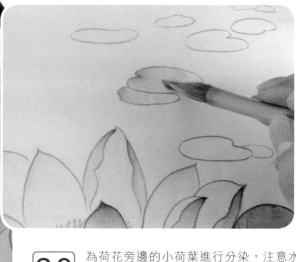

20 為荷花旁邊的小荷葉進行分染，注意水分的掌握。

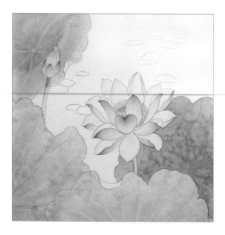

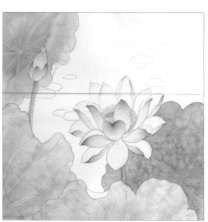

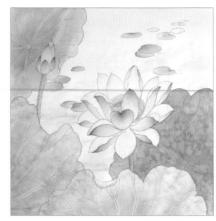

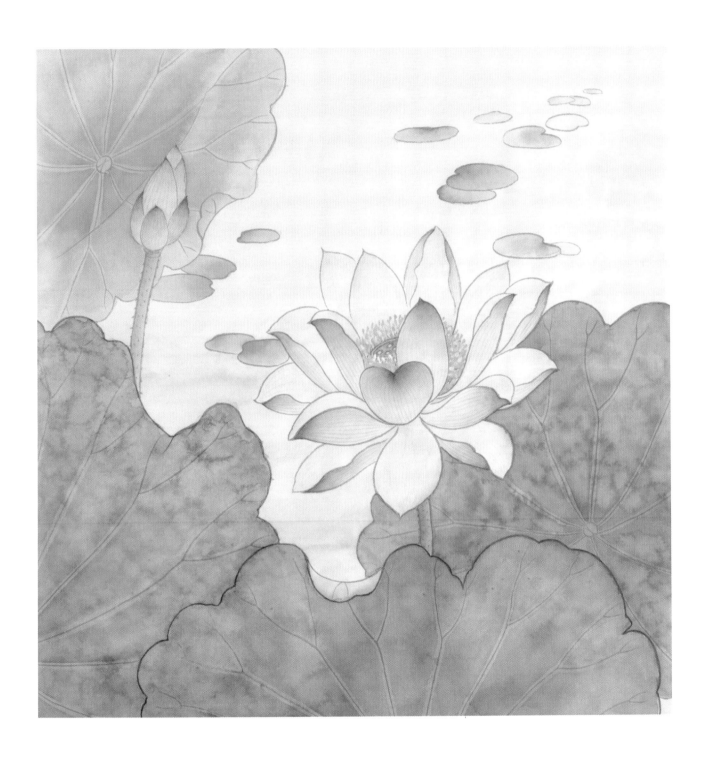

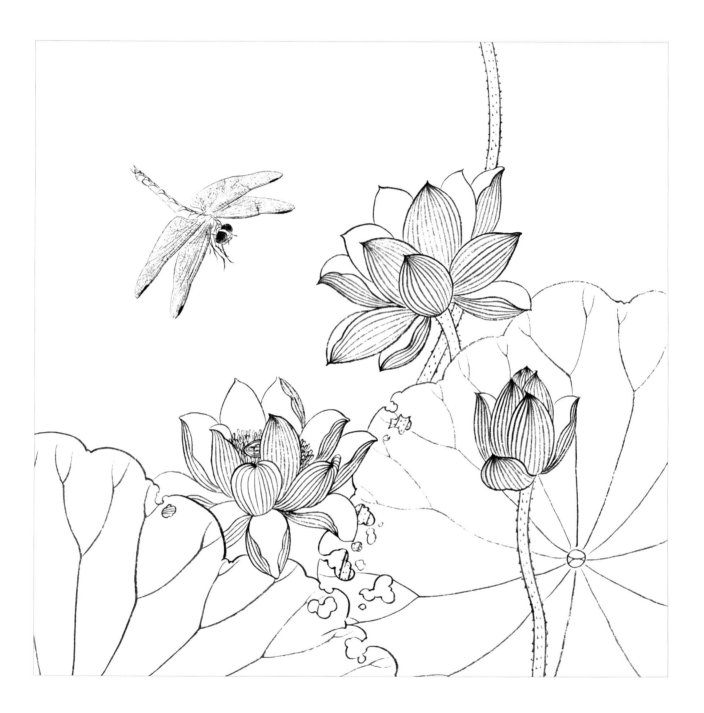

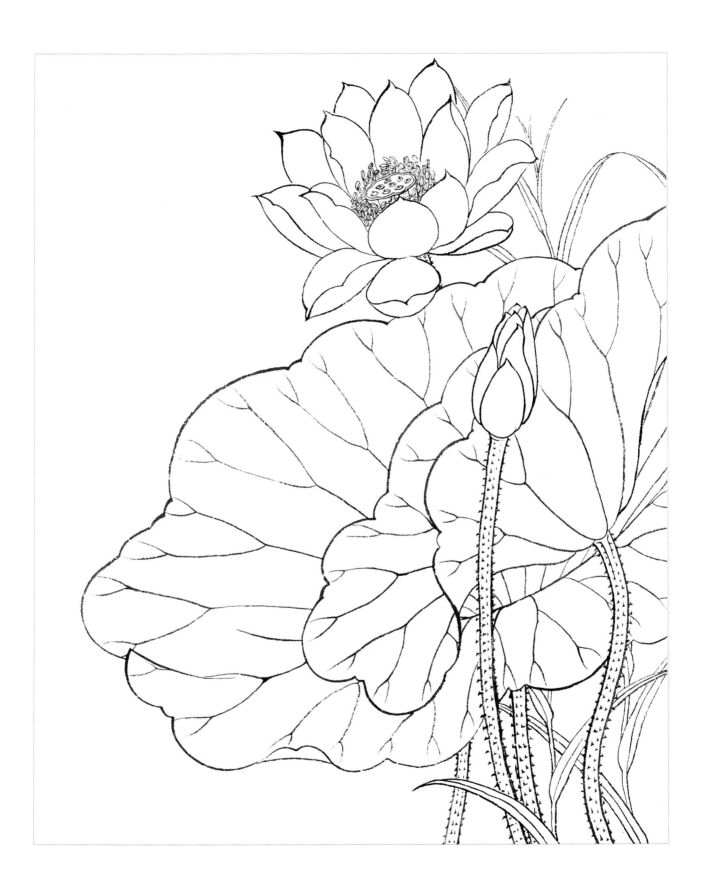

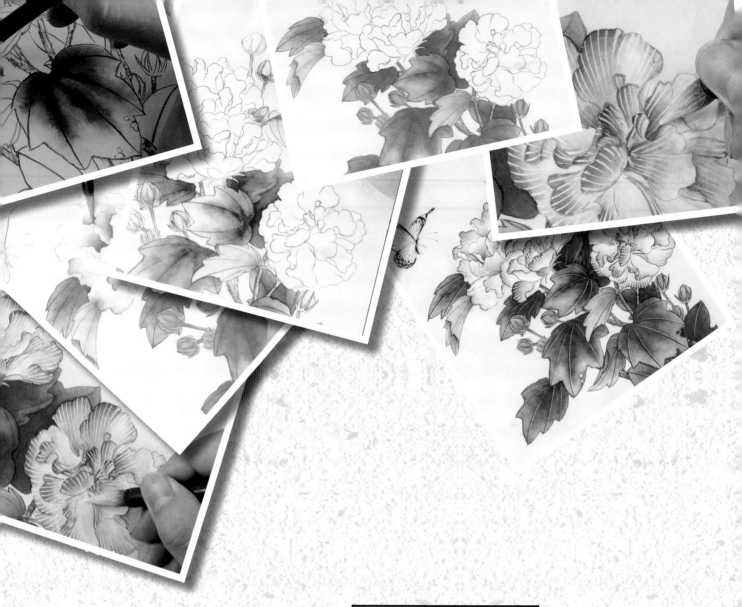

第九章

芙 蓉

芙蓉，有白色、粉色等，花形大而且美麗，花瓣比較多，紋路很明顯。在畫芙蓉時，應先多觀察不同角度下芙蓉的透視關係，以及亮面與暗面的關係。另外，在表現花瓣的紋路時，用筆一定要"肯定"、流暢，做到一筆一條紋路，紋路的顏色深淺也應隨著亮面與暗面的變化而變化。

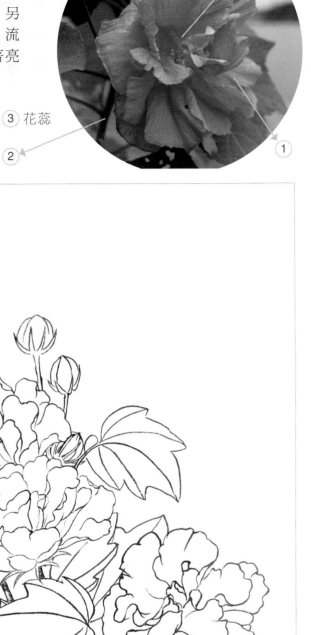

① 花瓣　② 花梗　③ 花蕊

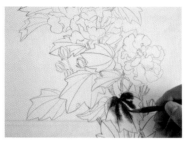 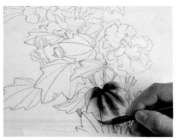 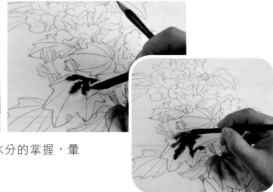

1 蘸濃墨，從葉脈部分開始對芙蓉花的葉子進行暈染，注意水分的掌握，暈染的顏色要自然。

2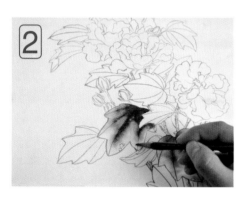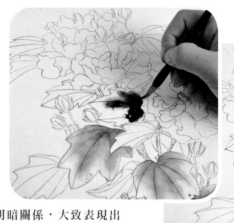

第一遍鋪色，主要是為了烘托畫面的明暗關係，大致表現出來即可；另外，染色時要認真、仔細，一片花瓣上的顏色不要超出「界限」染到另一片花瓣。

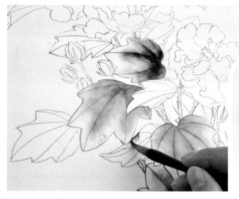 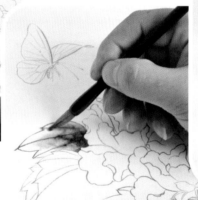 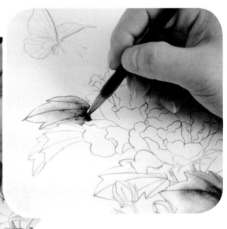

3 用同樣的方法，對右下角其他的葉子進行暈染。

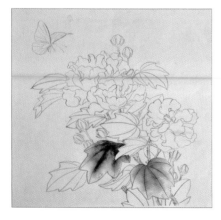 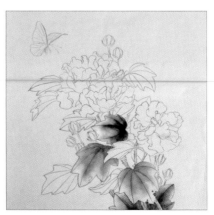 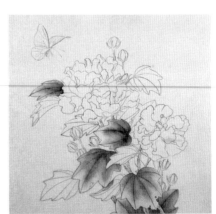

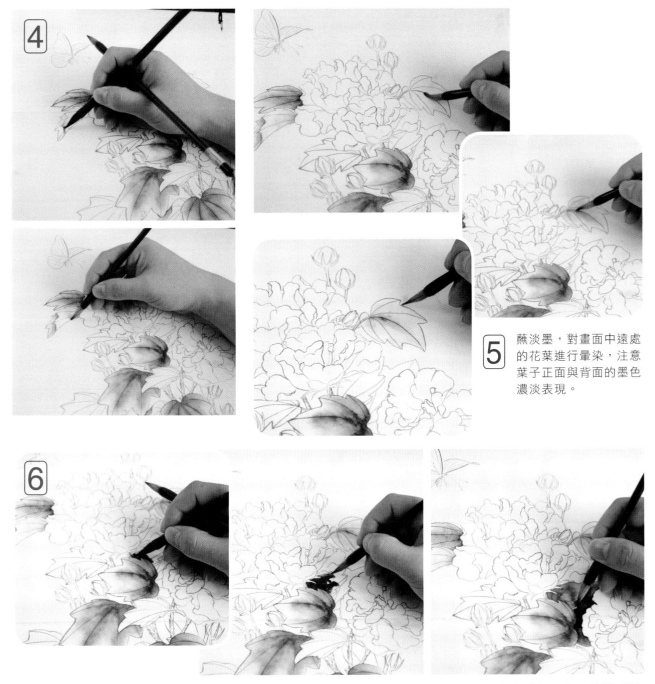

蘸淡墨，對畫面中遠處的花葉進行暈染，注意葉子正面與背面的墨色濃淡表現。

在與花朵相接的花葉暗部暈染顏色時，墨色應稍重些，特別是葉子與花朵交接處的顏色應深一些，接著逐漸漸層變淡，使畫面更加自然，層次感更加明顯。

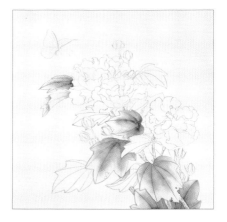
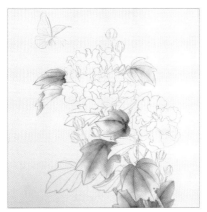
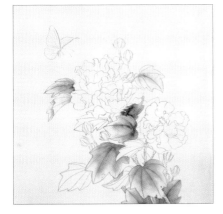

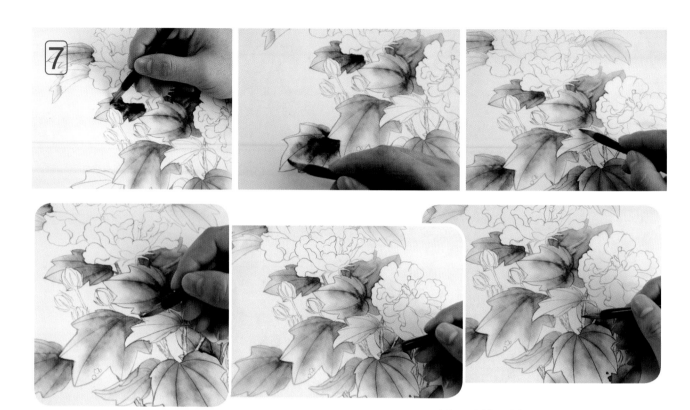

8 蘸濃墨，順著葉子的結構，對葉子的暗部進行分染，注意葉片之間的銜接要自然。

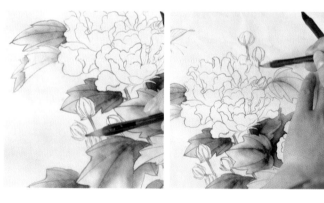

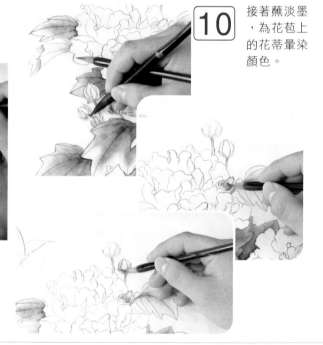

9 蘸淡墨，為花梗暈染顏色，注意由暗面到亮面墨色的漸層，是由暗面逐漸變淡的。

10 接著蘸淡墨，為花苞上的花蒂暈染顏色。

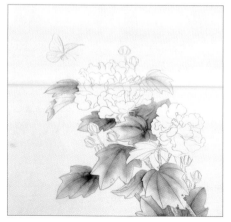

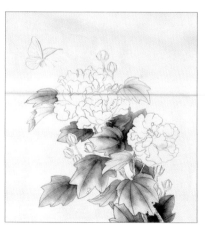

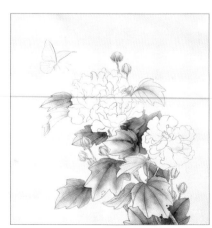

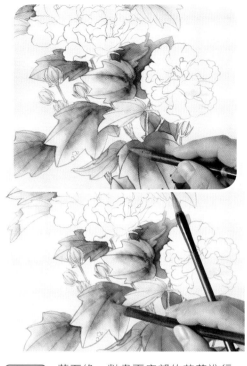

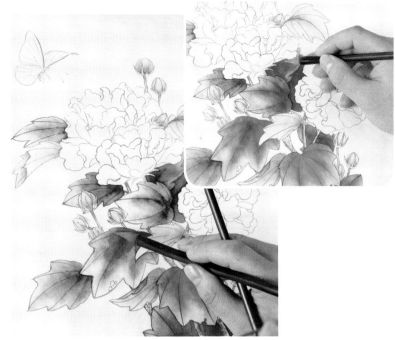

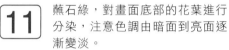

11 蘸石綠，對畫面底部的花葉進行分染，注意色調由暗面到亮面逐漸變淡。

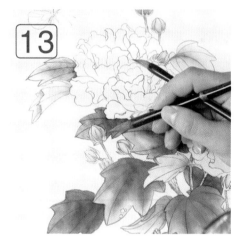

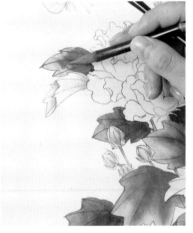

12 繼續用石綠對中間部分的葉子進行分染，暗面加一點深綠來分染。

13

14 用同樣的方法對其他的葉子進行分染，注意顏色的漸層。透過顏色的濃淡表現出前後的空間關係。

亮面的葉子可使用石綠和藤黃的調和色來表現。

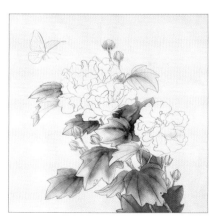

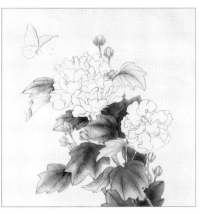

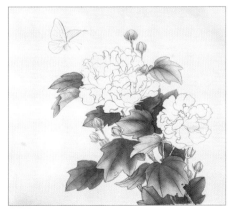

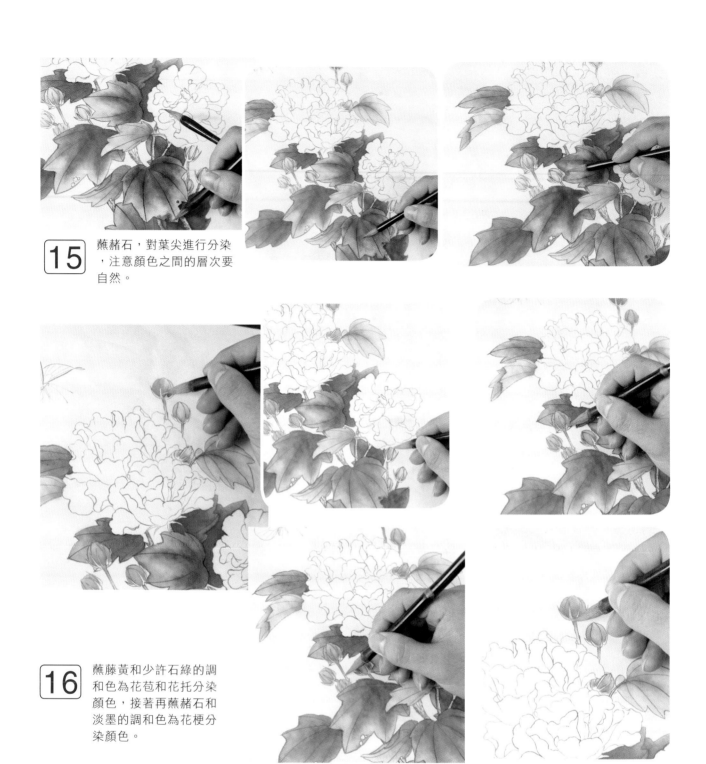

15 蘸赭石,對葉尖進行分染,注意顏色之間的層次要自然。

16 蘸藤黃和少許石綠的調和色為花苞和花托分染顏色,接著再蘸赭石和淡墨的調和色為花梗分染顏色。

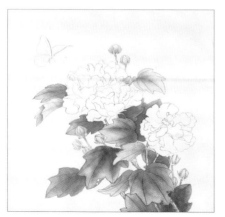

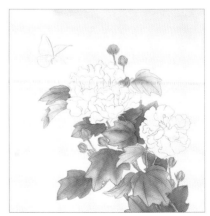

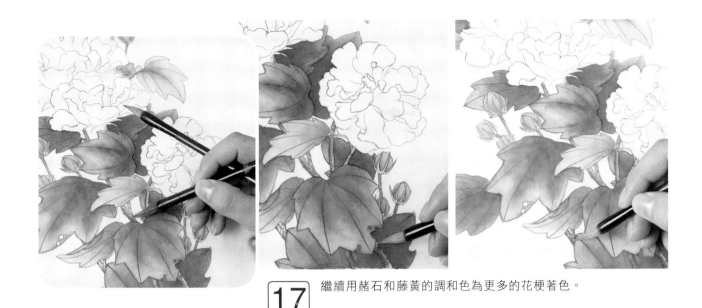

17 繼續用赭石和藤黃的調和色為更多的花梗著色。

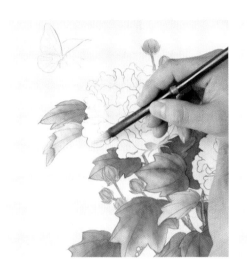 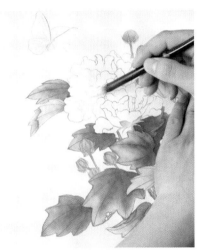 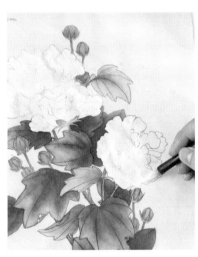

18 蘸白粉和清水的調和色，對花瓣進行平塗。在平塗的過程中，色墨要均勻，避免出現過多的色漬。

知識拓展

平塗法是指在一定範圍內均勻地填塗一種沒有濃度變化的色彩，是工筆畫畫法的基礎技巧之一。

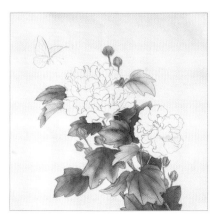 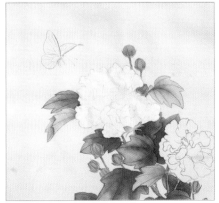 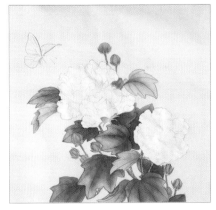

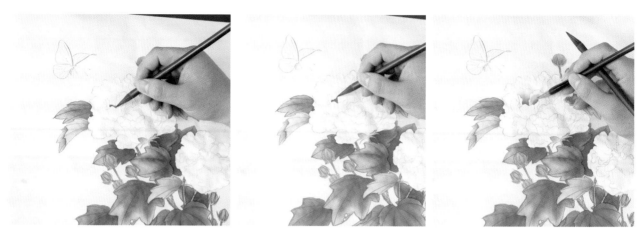

19 蘸曙紅，在平塗白粉的基礎上，對畫面中最上面的花朵進行分染，注意顏色的層次要自然。

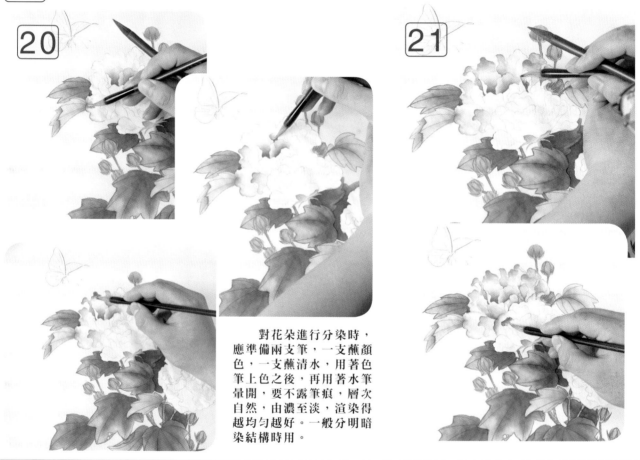

對花朵進行分染時，應準備兩支筆，一支蘸顏色，一支蘸清水，用著色筆上色之後，再用著水筆暈開，要不露筆痕，層次自然，由濃至淡，渲染得越均勻越好。一般分明暗染結構時用。

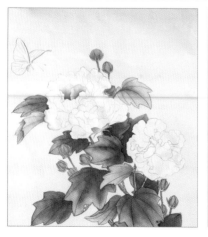

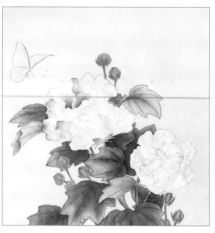

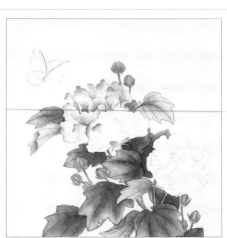

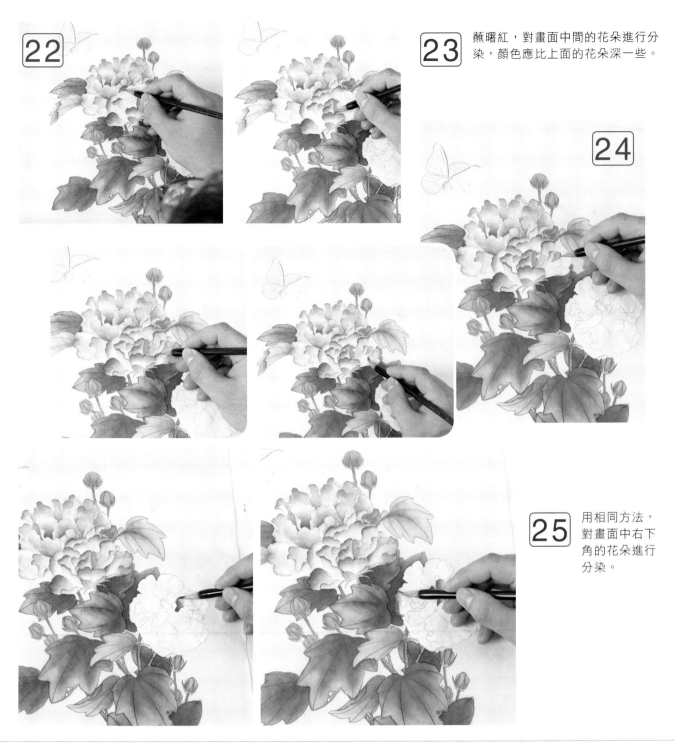

23 蘸曙紅，對畫面中間的花朵進行分染，顏色應比上面的花朵深一些。

25 用相同方法，對畫面中右下角的花朵進行分染。

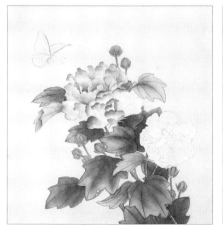

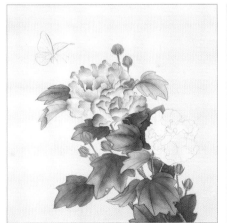

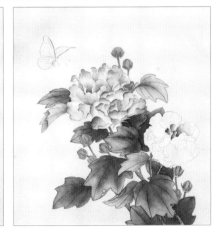

26

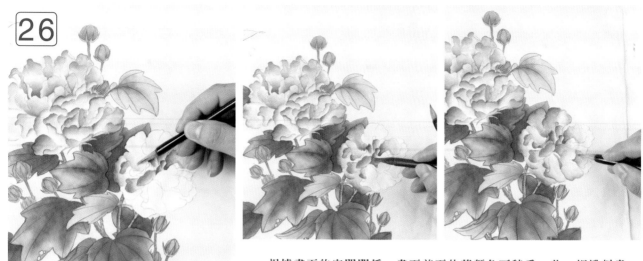

根據畫面的空間關係，畫面前面的花顏色可稍重一些，細緻刻畫；
畫面遠處的花朵顏色可稍淡些，使畫面的空間關係更加明顯。

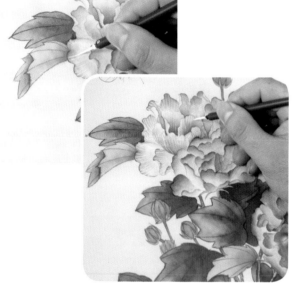

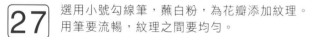

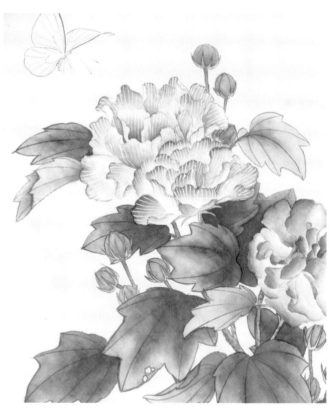

27 選用小號勾線筆，蘸白粉，為花瓣添加紋理。
用筆要流暢，紋理之間要均勻。

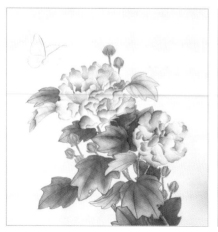
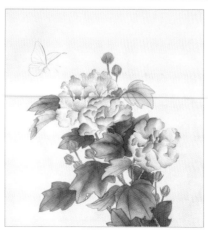
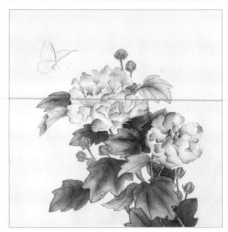

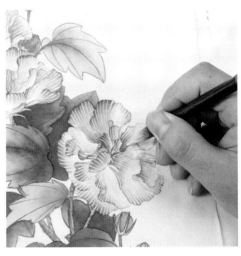 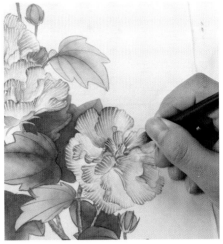 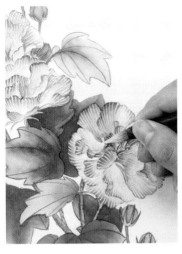

28 蘸藤黃和白粉的調和色，為畫面中最前面的花朵添加花蕊，用筆要「肯定」，做到一筆一根花蕊。

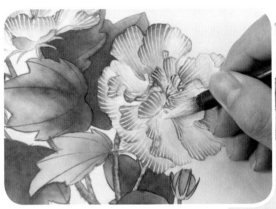 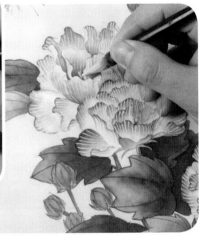

29 用相同方法為剩下的兩朵花添加花蕊，注意花蕊的分布要自然和諧。

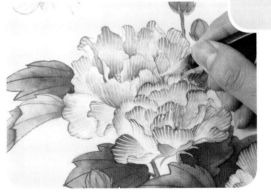

知識拓展

分染時應注意的事項：
（1）分染時最好也使用羊毫；（2）分染的次數視畫面效果而定，如果一次分染效果不夠，可進行多次分染，但切忌太過厚重或把畫面弄髒；（3）著水筆暈染要快速及時，否則色塊一旦變乾，便無法暈開，形成漬跡。

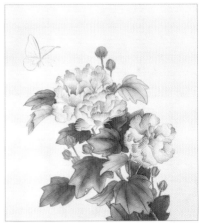 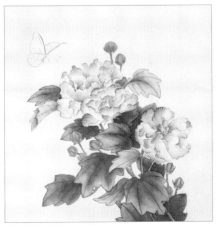 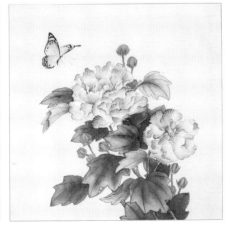

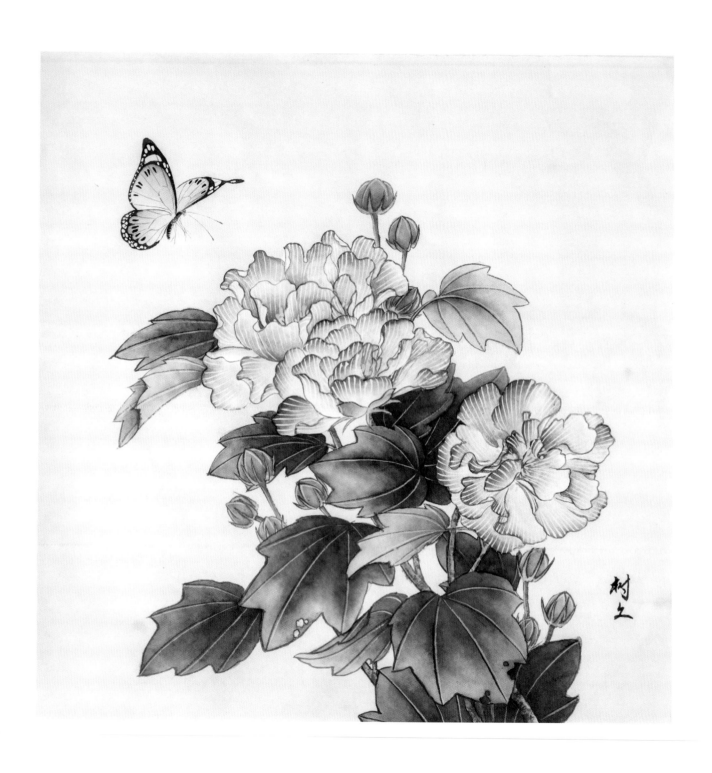

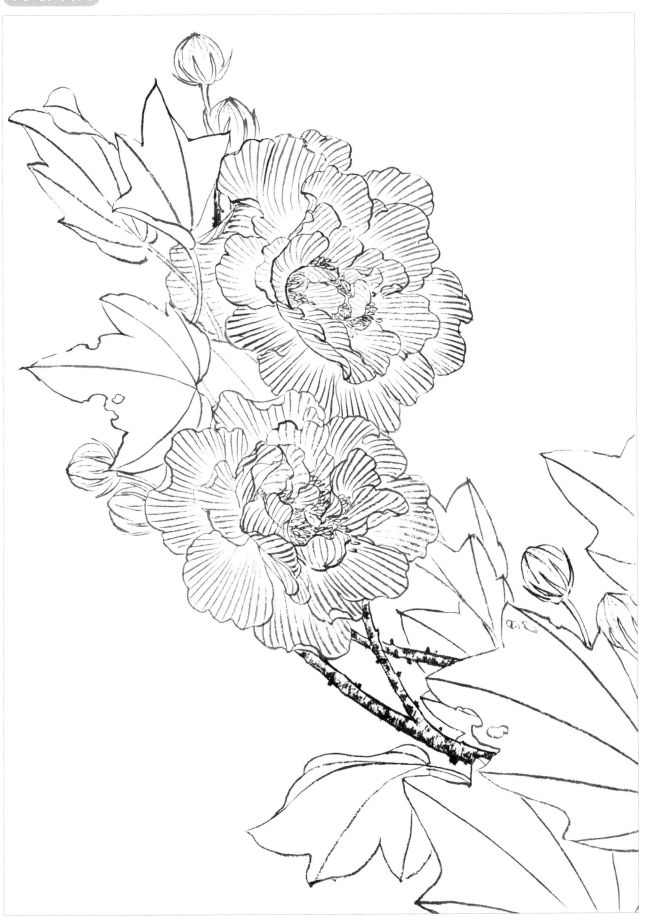

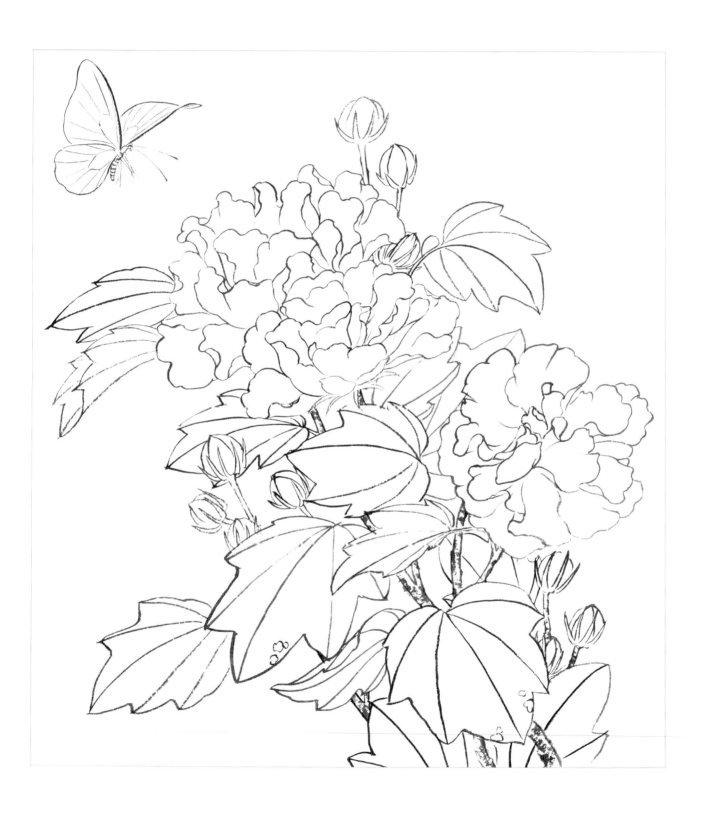

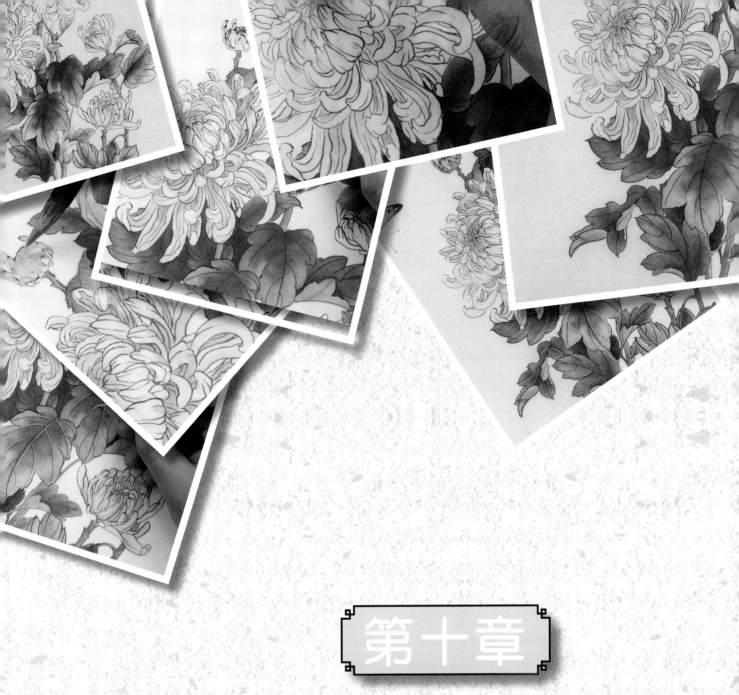

第十章

菊 花

菊花的花瓣可歸納為兩大類：一種類似車輪狀，有單層瓣和多層瓣兩種，花瓣均是由花心向外呈放射狀生長；另一種為撓頭狀，畫時先畫一個類似小倭瓜狀的骨朵，接著上下左右加瓣，可概括為橫瓣。勾畫時中鋒或中、側鋒兼用，注意用筆的虛實，避免呆板。

① 花苞　② 花瓣

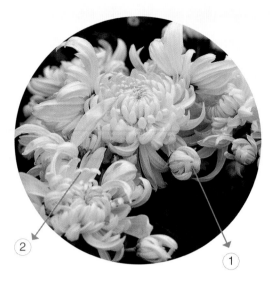

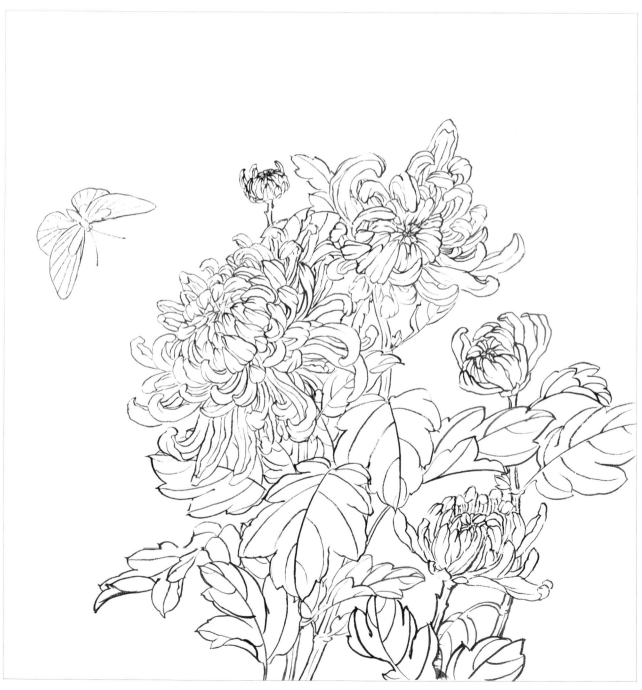

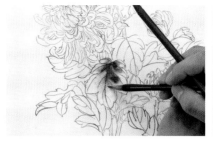 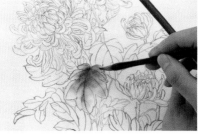 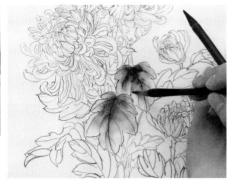

1 蘸濃墨，從菊葉的葉脈處開始著色，立即用著水筆暈染開。

用水暈染時注意水分的掌握，要適中，因為水分如果太多會破壞畫面的效果，太少則達不到暈染的效果。

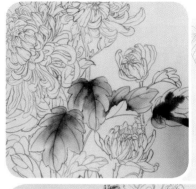

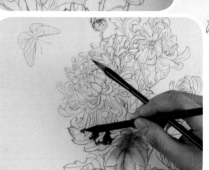

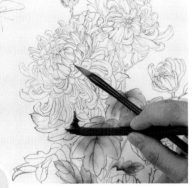

2 繼續蘸濃墨對畫面中其他的葉子進行平塗。

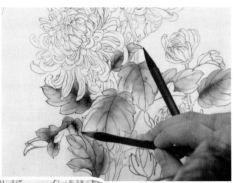

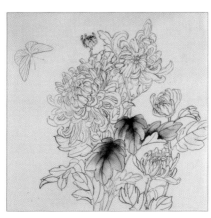

3 蘸清水，將墨色暈染開，暈染時墨色與水的融合要自然。

知識拓展

「三礬九染」實際上並不一定是礬二次，染九次。礬的目的與作用主要是防止在第二次著色時把第一次著的色泛起來，那就非但未達好效果，還會把顏色搞髒了。尤其是在前一次用過的礦物色上，需要加深染顏色時必須先礬，乾後再加染。當然，這種方法也不是絕對的，如你的技法很熟練，加染時能一筆而過，不需重複，使前一次的著色泛不起來，那就不用礬，礬多了，往往使畫面「死板不靈活」。

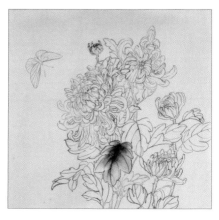 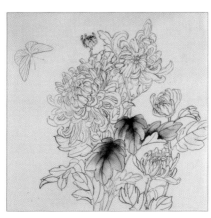 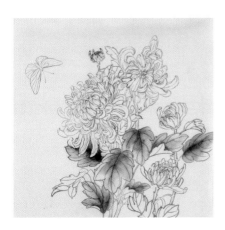

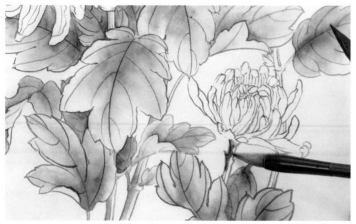
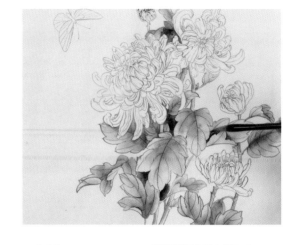

④ 蘸濃墨，為葉子的暗部進行再次平塗，增強明暗對比。

⑤ 蘸中綠，對葉子進行罩染，注意用筆的力度。

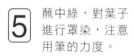
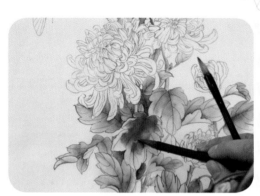
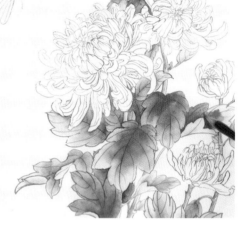

⑥

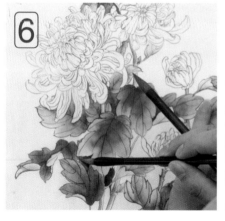
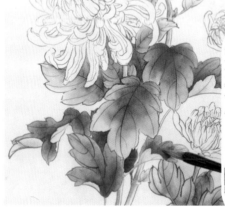
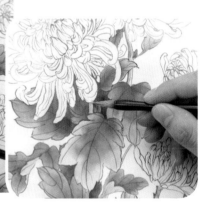

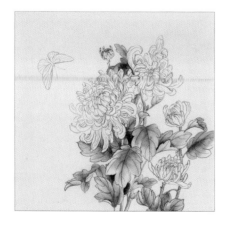
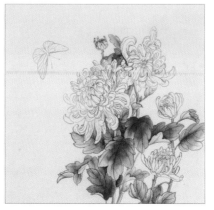
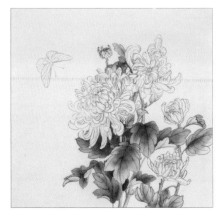

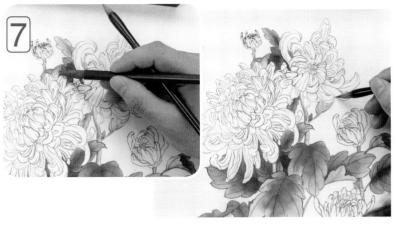
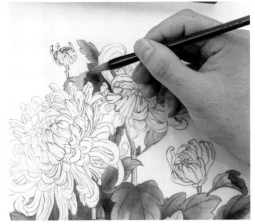

　　在為花葉進行罩染時，一定要等到第一遍的染色乾後才能進行；如果未乾繼續罩染，兩種顏色會混合在一起，破壞畫面的效果。

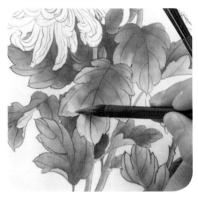
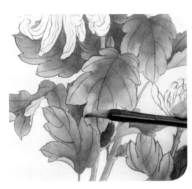
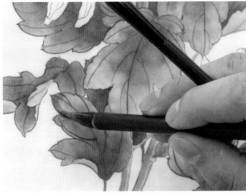

8　蘸淡赭石，為葉尖進行接染，要由重到淡，注意顏色之間的銜接，用筆要流暢。

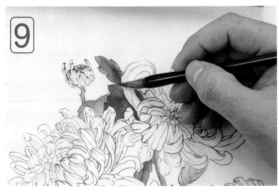
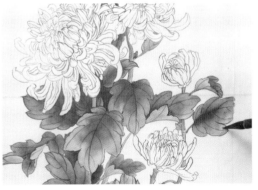

　　接染時兩種顏色之間的層次要自然融合；另外還要注意接染時明、暗面的顏色深淺變化。

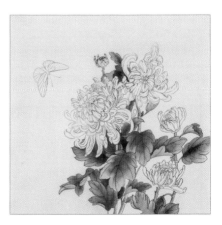
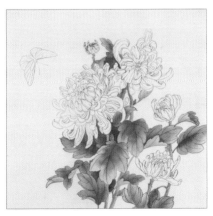
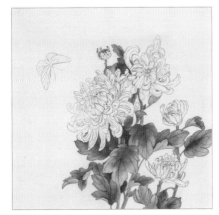

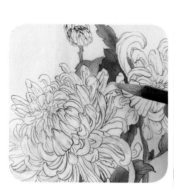
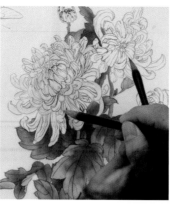
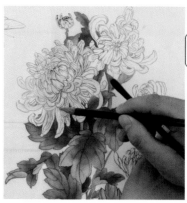

10 筆肚蘸滿藤黃，為畫面右上角第一朵菊花花瓣的暗部分染顏色，分染時應順著花瓣的結構來表現。

11
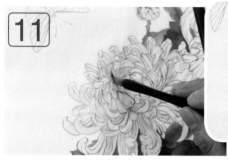
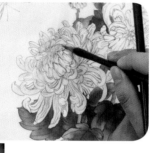
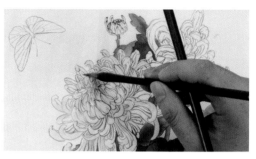

由於菊花的花瓣很多，分染時應格外仔細，不能隨便染兩筆就草草了事。

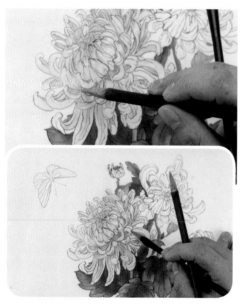
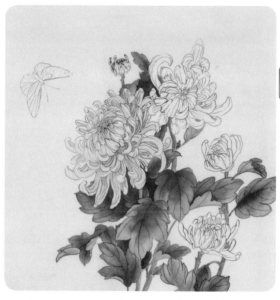

12 蘸藤黃和少許大紅的調和色對花瓣的暗面進行分染。

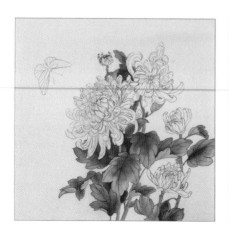
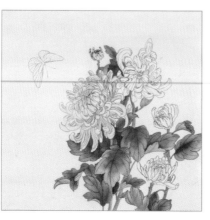
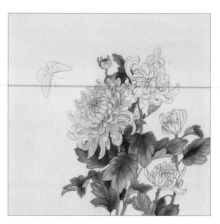

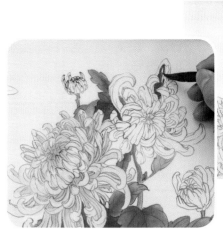

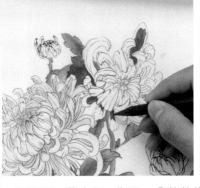

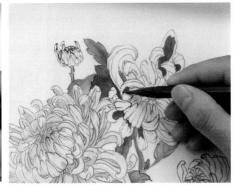

13 蘸大紅，為另一朵菊花的暗部進行分染。

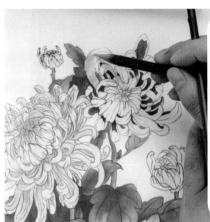

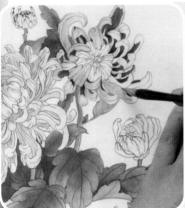

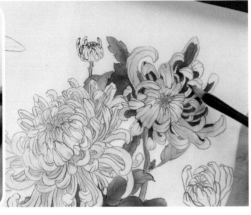

14 用少許大紅和藤黃的調和色繼續對菊花進行分染，顏色要均勻，銜接自然。

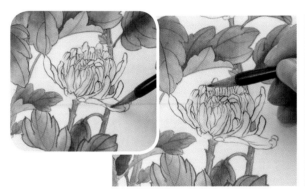

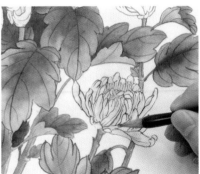

15 蘸藤黃，為剩下的兩朵菊花進行平塗。

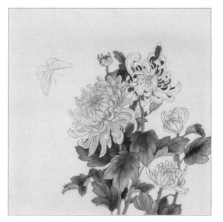

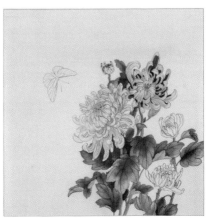

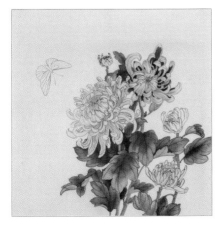

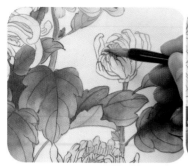 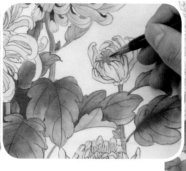 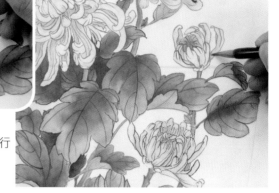

16 用藤黃和大紅的調和色，對剩下兩朵菊花的暗部進行分染，增強明暗對比。

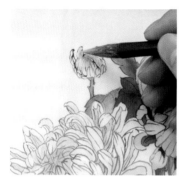 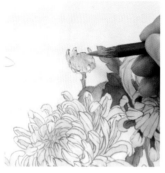 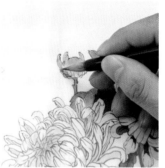

17 對畫面中最上面的半開菊花進行平塗，蘸藤黃和中綠的調和色為花托分染。

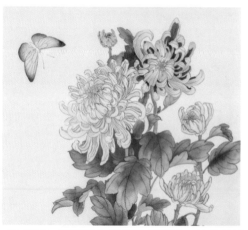 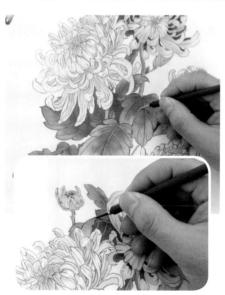

19 用小號勾線筆，為葉子添加葉脈和水線，使葉子的立體感更加強烈。

18 蘸藤黃為蝴蝶進行平塗，接著蘸濃墨，對蝴蝶進行接染，注意兩種顏色之間的銜接要自然和諧。

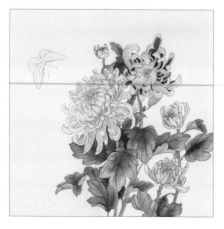 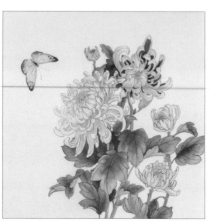 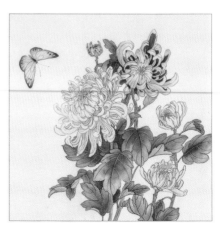

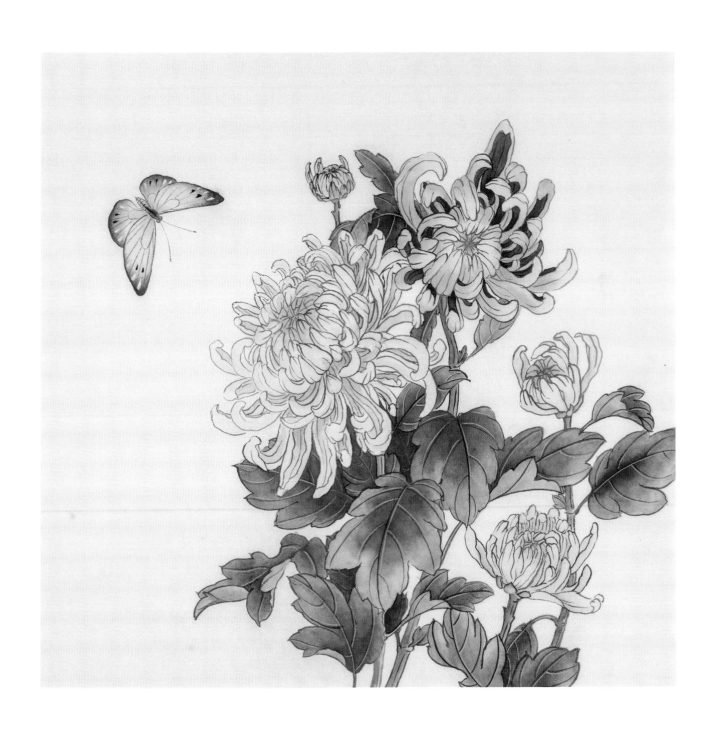

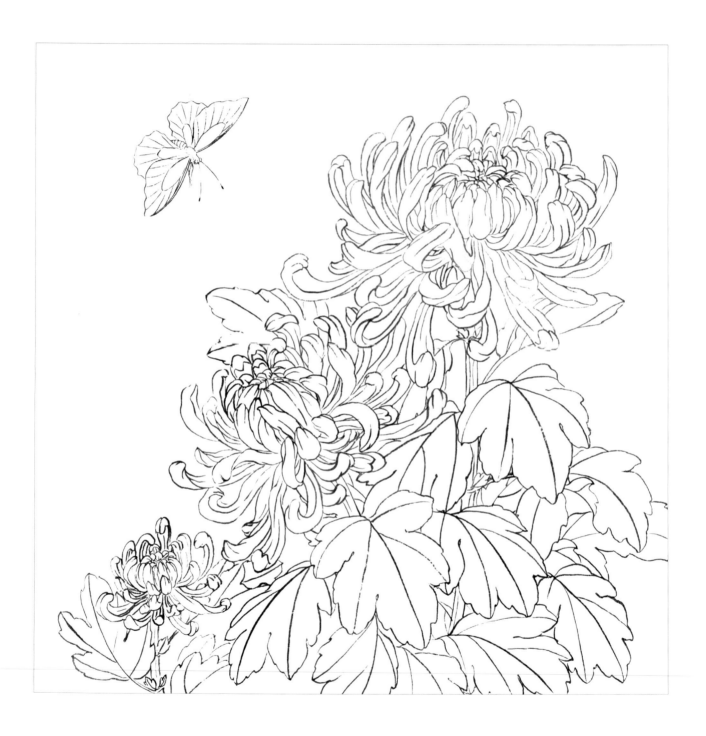

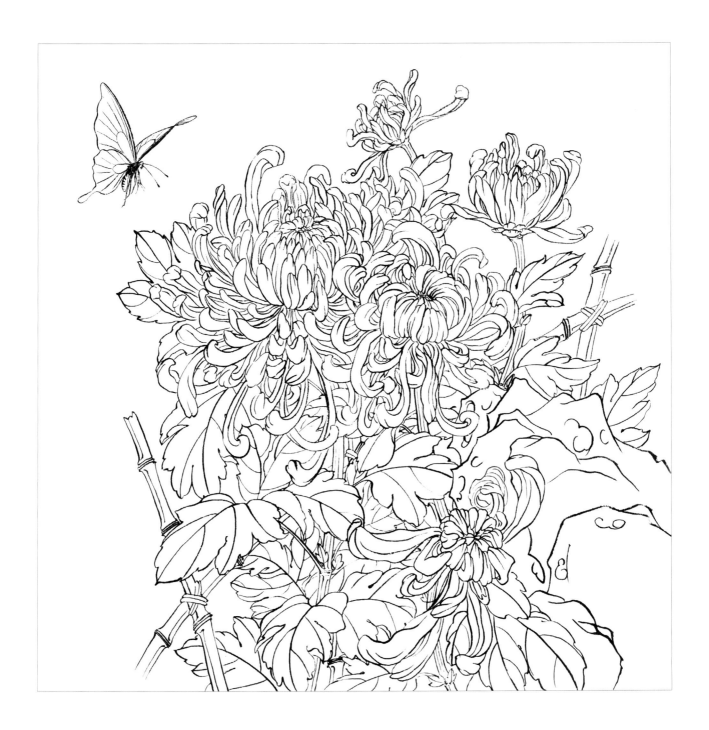

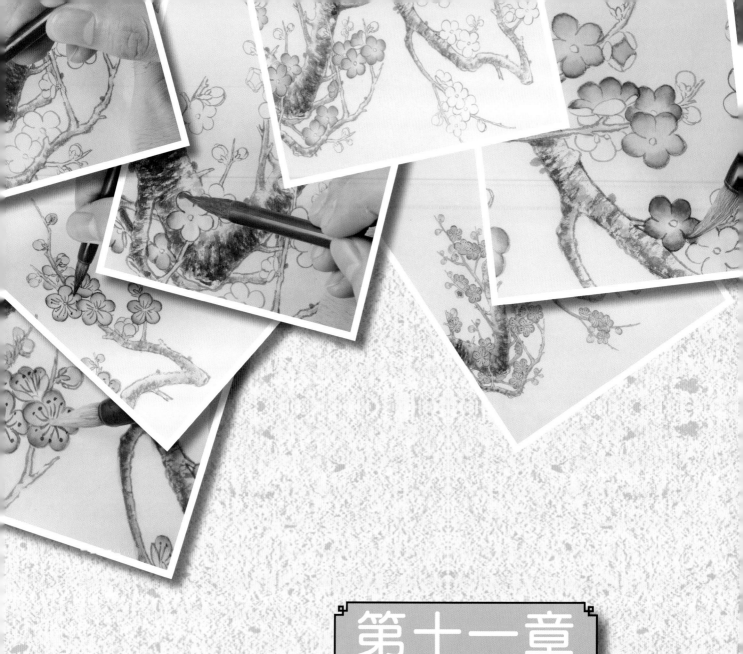

第十一章

梅 花

梅花，通常指梅樹的花，花開五瓣。花色有紫紅、粉紅、淡黃、淡墨、純白等多種顏色。梅樹樹皮漆黑而多糙紋，其枝幹虯曲，蒼勁嶙峋、風韻灑落，有一種飽經滄桑、威武不屈的陽剛之美。梅花枝條清癯、明晰，色彩和諧，或曲如游龍，或披靡而下，多變而有規律，呈現出一種很強的力度感和優美的韻律感。

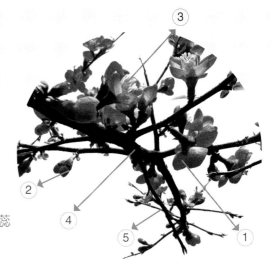

① 花瓣　② 花蕾　③ 花蕊
④ 梅幹　⑤ 梅枝

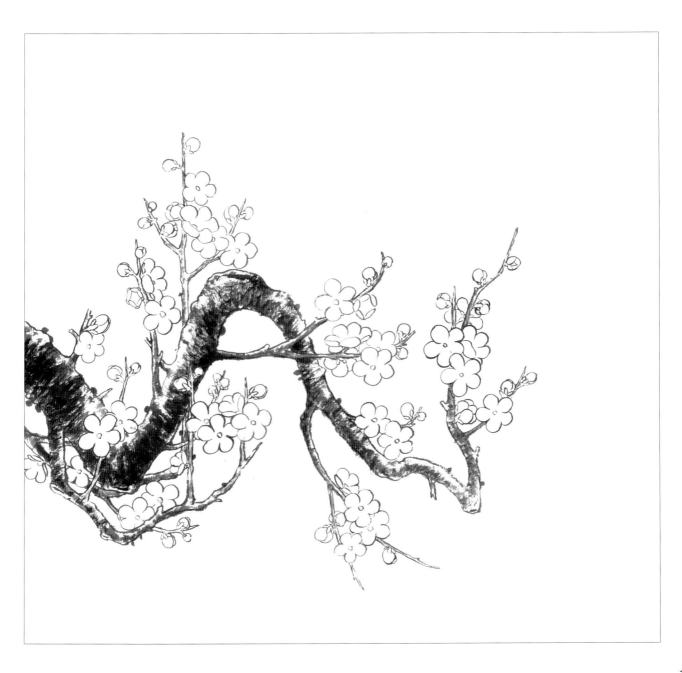

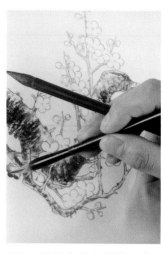
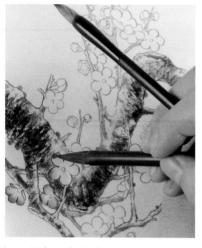
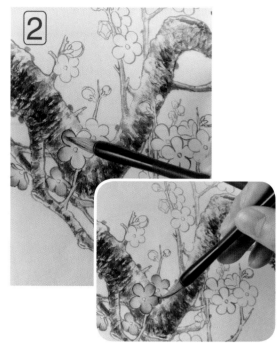

1 選用中號白雲筆，蘸曙紅，從畫面的左邊開始，順著花瓣的輪廓點染，接著換一支乾淨的中號白雲筆，蘸水在剛點染的花瓣上將顏色暈染開。

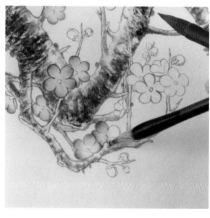
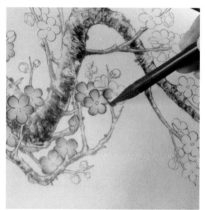

3 用相同的方法，兩支筆交替使用，為左邊枝幹右下角的幾朵梅花分染顏色。

知識拓展

在用水暈染顏色時，要做好水分的控制，如果水分太多的話，會使畫面整個暈染開，破壞畫面的效果；如果水分太少的話，畫面就沒有通透感。

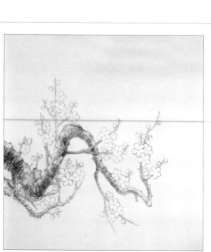
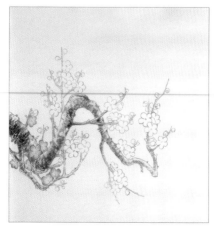
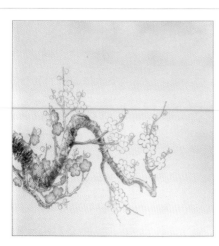

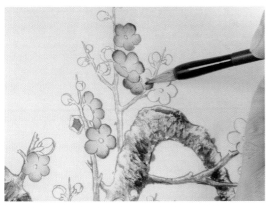
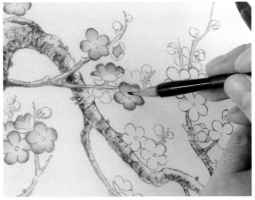

 對枝幹中間的小枝上的花朵進行分染。

分染顏色時
要注意顏色的深
淺變化，近處的
顏色稍深一些，
遠處的顏色稍淺
一些，突出近實
遠虛的特點。

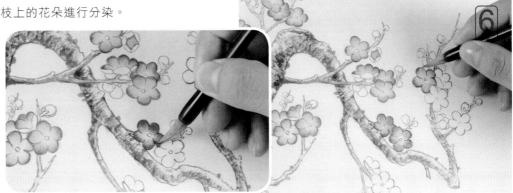

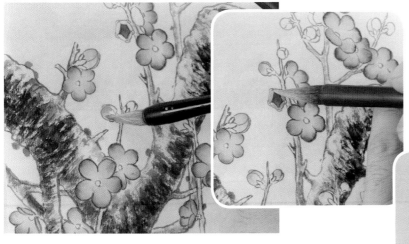

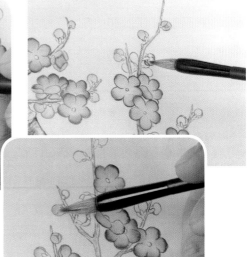

 蘸硃磦和白粉的調和色為花苞分染顏色，接著再
換用乾淨的白雲筆，蘸清水暈染，使顏色自然地
暈染開。

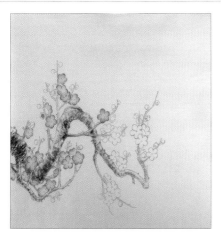
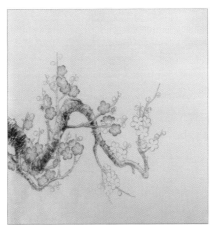
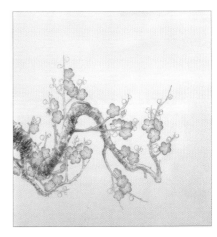

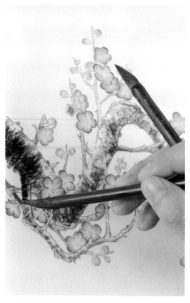 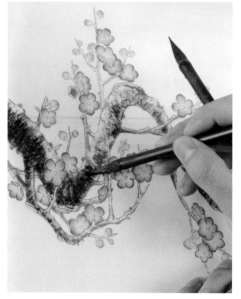

知識拓展

知識拓展

在為枝幹分染顏色時，注意枝幹的顏色之間的相互融合。在用水暈染顏色時應均勻一些，水分不能太多，如果太多容易使畫面變花，墨與硃磲之間的顏色銜接處要處理得當，應用適量的水分讓二者融合，使層次更加自然。在用水為花苞暈染時，注意花苞的暗面與亮面水分的控制，亮面的水分應多一些，讓其更加透亮；暗面的水分應少一些，與亮面形成對比。

7 繼續用赭石為枝幹分染顏色，接著換用乾淨的白雲筆蘸水將顏色暈染開。

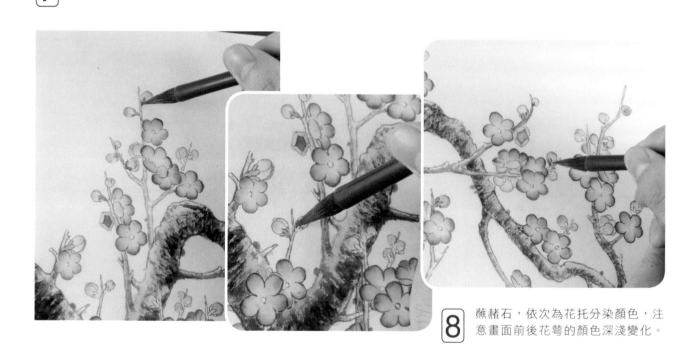

8 蘸赭石，依次為花托分染顏色，注意畫面前後花萼的顏色深淺變化。

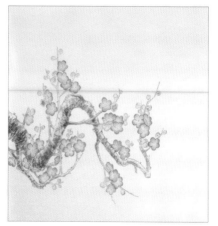 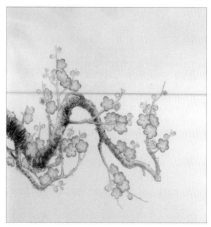 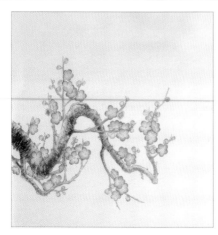

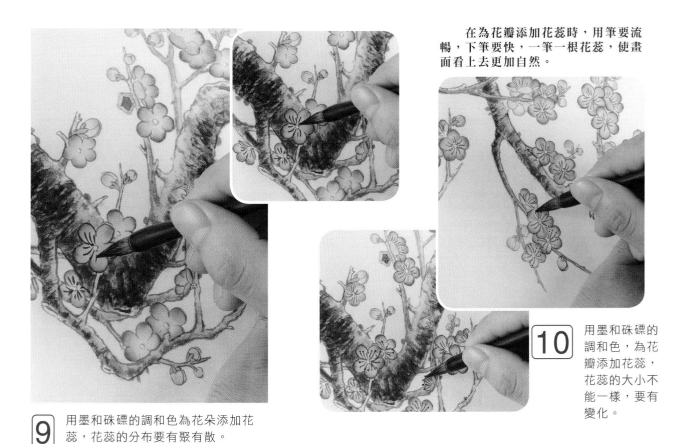

在為花瓣添加花蕊時，用筆要流暢，下筆要快，一筆一根花蕊，使畫面看上去更加自然。

10 用墨和硃磦的調和色，為花瓣添加花蕊，花蕊的大小不能一樣，要有變化。

9 用墨和硃磦的調和色為花朵添加花蕊，花蕊的分布要有聚有散。

知識拓展

點染花蕊是一個將無序的花瓣進行組織的過程，勾花蕊時考慮更多的是畫面的整體協調，所以用筆要剛柔相濟，濃淡相宜。

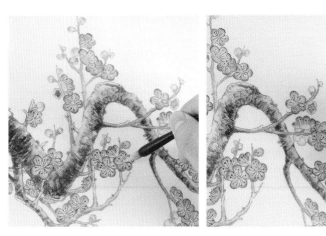

11 換用一支乾淨的中號白雲筆，蘸藤黃點染花芯，接著蘸清水暈染花芯，讓花芯和花瓣的顏色層次更加自然。

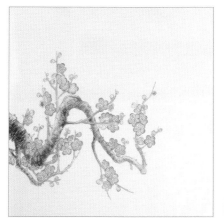
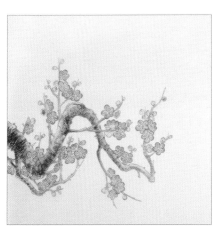
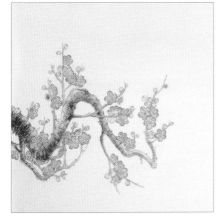

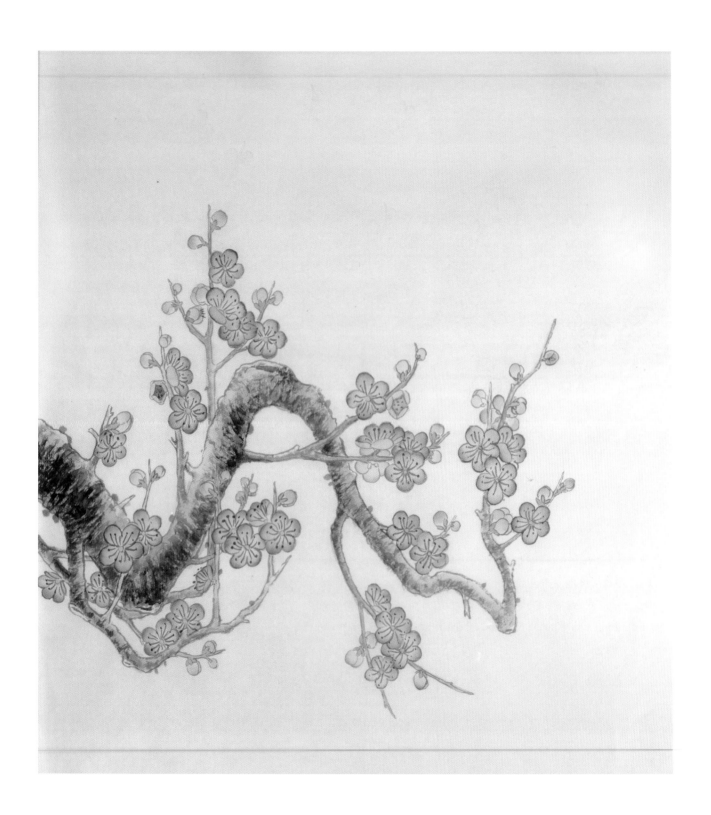

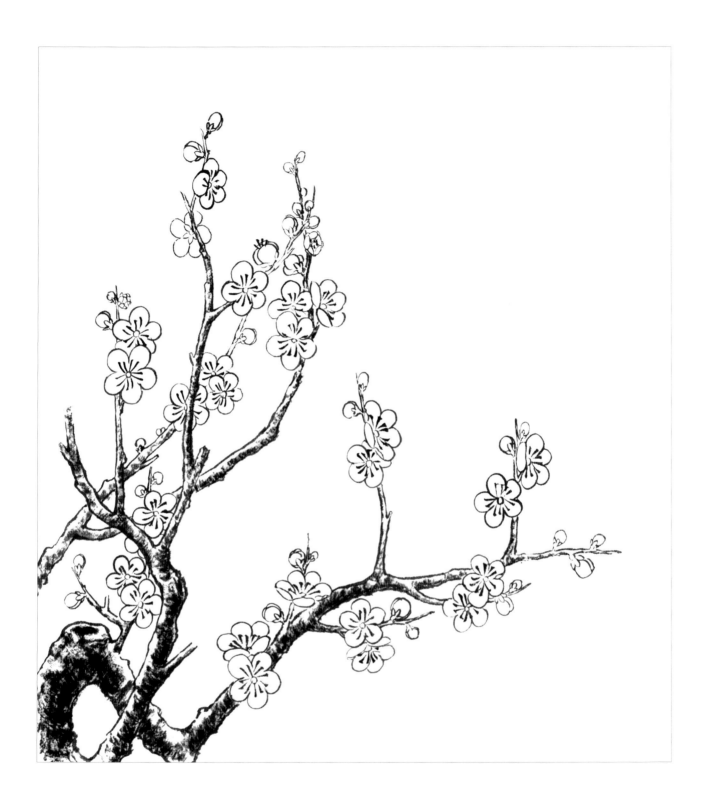

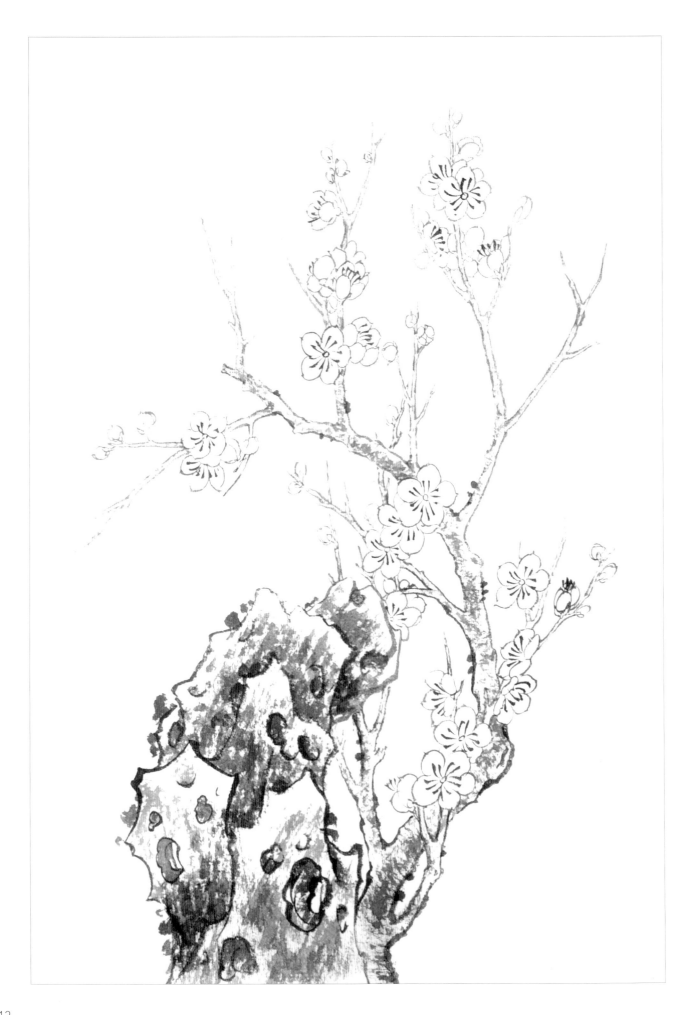